但能心静即身凉

白居易诗传

南乔 / 著

中国华侨出版社

·北京·

白居易（772—846 年），字乐天，号香山居士，又号醉吟先生，祖籍山西太原。他是唐代伟大的现实主义诗人，是新乐府运动的主要倡导者。有《白氏长庆集》传世，代表诗作有《长恨歌》《卖炭翁》《琵琶行》《花非花》《暮江吟》等。

"居易"这个名字，长辈对其寄予了美好的希望，但是他的命运却不是如愿望那样一帆风顺。他生逢乱世，少时离家，经历了战乱之苦。他三进三出长安，任过秘书省校书郎、盩厔县（今西安周至县）县尉、翰林学士、左拾遗、江州司马、忠州刺史、朝散大夫、中书舍人、杭州刺史、苏州刺史、太子宾客等职，一生辗转多地，足迹遍布大江南北。

他是儒家的翩翩君子，儒家倡导的"兼济天下"，始终是其为人、为学、为官的根基；他是佛门在家的弟子，在历经了仕途的险恶和命运的乖蹇后依然挺立；他将陶渊明视为自己的偶像，躬耕陇亩让他对曾经在田间的悠闲自在有了更深的体会；他是山水诗酒里的文人，大唐山河、美人佳景、传统节日、边事戍卒……他不但拓展了诗歌题材，时代的声色也在他笔下被一幕幕地还原。

不论命运如何肆意伤害，这位返璞归真的诗人，都拥有一个宁静的世界。许多次，当他陷入绝望中，都是在禅意里，寻找到了人生的力量，化解了燃眉之急。

那是专属于他的一生，坎坷却也斑斓。他多情，却不滥情；他深情，却从未弄情。他有自己的操守和底线，总是一如既往，虔诚地走近人世中的爱与恨、善与恶。

他经历了人世繁华，也经历了一贫如洗；他经历过青云直上，众人艳羡，也经历过一落千丈，无人同行。但幸好，他是意志坚定的，亦是简单剔透的，不论狂风暴雨，都无法熄灭他心中的那盏灯。

本书结合时代背景和白居易脍炙人口的众多诗篇，融文学性、艺术性、史实性于一体，用小说故事结合抒情美文的形式演绎其跌宕起伏的传奇人生、缠绵悱恻的凄美爱情，用诗一样的文笔进行优美灵性的叙述，读之满口生香，令人为之动容。

目录

CONTENTS

1

第一章

世事沧桑皆如梦

流年似水，往昔如梦

他降生在唐代宗大历七年（772年）正月二十。正月里正是新春，新年的欢喜气氛还残存在四周流淌的空气里，花灯依旧，行人依旧，不经意的时光里还有残余的烟火燃尽半日欢欣，寒冷和喜悦为伴，轻抚着世间的人儿。

河南，新郑县（今新郑市），这个距离东都洛阳并不遥远的淳朴小城东边，有一户姓白的大户人家，"哐"的一声敲开了喜锣。喜气洋洋的下人们鱼贯而出，兴高采烈地告诉周围人们，他们家的少夫人，刚刚给少爷添了一个小少爷。

那是晴好明亮的一天，阳光在凌晨时分就露出了容颜。一切都如此明媚，如同预示着这个孩子的与众不同。正当着巩县县令的祖父白锽看着襁褓中玉雪可爱的婴孩，高兴得笑出了满脸的褶子。其实，这并不是他的长孙，他这个年纪，早就做了许多孩子的祖父。可这孩子却格外讨人喜欢，他一眼看到，就觉得这个小孙子与自己十分投缘。

都说今生能成为夫妻、父子的都是前生牵绊匪浅。或许，这个孩子就是承载着前生的缘，来到了白家，做了他的孙子，圆天伦的情。

　　其实，不仅是祖父白锽欢喜这个孩子的诞生，就连年过四十的白季庚都诧异这孩子带给他的熟稔之感。他亦不是第一次当父亲，他的第一个孩子，早已长大成人。他的欢喜，并不是初为人父的猝不及防，那种惊慌并快乐着的感受，而是一种关切疼爱的情绪。他在这种情绪里低下头，看了看睁着眼睛吐着泡泡的儿子，忍不住伸出手指轻轻触碰了一下那幼嫩柔软的脸颊。

　　此时，老爷子白锽已经提笔给小孙子取好了名字。白季庚一眼望去，洁白的宣纸之上，纵横着几个落拓不羁的大字：白居易，乐天。

　　"居易，居易。"他默默念了几遍这个名字，这个孩子以后的名，就是居易了。至于乐天，那是他的字。这个名字，将会跟随这个孩子的一生。

　　这个名字取得极好。他们对这孩子并没有寄予崇高的期待和希冀，只希望他行走在这个荆棘丛生的人世，能够生活得容易一点儿，平安喜乐，就已经足够。这是父亲的希望，亦是他的祝福。

　　白家上下都对这个孩子的出生感到喜悦。可是他们中又有谁能够想到这个看起来格外可爱的孩子，将会成为一个时代不可忘记的人物。此时被白家老爷子落笔写下的名字，将会成为一个时代不可磨灭的符号，成为后世人传颂的伟大诗人。

时光能够摧毁一个人，也能造就一个人。对于挥霍无度的人，它残酷冷漠，对于勇敢坚贞的人，它却可以温柔以待。尽管双方的长度实际上也并未有任何的延展。可它总会遗忘一些人，然后记住另外一些人，这就是时光的魔力。

从某种意义上而言，他的父亲、他的祖父，是因为他所以被历史记住，为人知晓。如果白家没有诞生这个孩子，他们也只是普通的读书人和官宦，生活丰饶富足，几世之后就消失在历史的尘埃里。

然而，这毕竟不是一个寻常的农户家庭，祖祖辈辈都日出而作，日落而息。如果仅是如此，纵使诞生了聪慧可爱的孩子，他最终的结局也不过是如同祖辈一样，在生命轨迹里平凡地走完一生。

白家终究还是一个官宦人家，即使父辈们的官职并不显赫，却足以成为当地小有声望的门庭。他们的家谱可以追溯到先秦战国时期，祖父是战国时期的楚国公后代。

由于长期的政治纷争，朝代更迭，楚国似一片落叶，在风雨飘摇间淹没在历史的长河中。楚国的太子落难后，逃离了自己的家乡，来到了郑国，在此落地生根。太子的儿子名"胜"，号白公，长大后居于吴、楚两国之间。在这位白公去世后，他的儿子白乙丙又投奔到了秦国，成为一名武将。白乙丙的孙子白起，也是秦国一名屡立战功、赫赫有名的武将，曾获封武侯君。白起虽风光一时，后因遭奸人陷害，被秦始皇赐死于杜邮。

多年之后，秦始皇知道了他的冤屈，感念他曾经的功劳，遂赐其子白仲于太原，成为太原人。白起以下的二十三世孙白邕，也曾在后魏时期做过太原太守。到了白邕以下五世孙白建，做过北齐的五兵尚书，并赐予了他韩城的土地。这样，白家才从太原迁至韩城，白建的曾孙白温做过本朝的朝散大夫，白居易的祖父白锽是白温的第六个儿子。

白居易自述白氏先祖世系的《太原白氏家状二道》中称：

（祖父）幼好学，善属文，尤工五言诗，有集十卷。年十七，明经及第……

在白居易的记忆中，祖父是一个温厚善良，平日里并不多言的人。但在大是大非面前，却从不退缩，敢于直言进谏，不动摇自己为官之初的那份信念。

父亲白季庚，是祖父白锽的长子，先后做过彭城县令、徐州别驾、襄州别驾。白居易的父亲一直秉承着白锽为官清廉、为人正直、疾恶如仇的品格。

逐一叙述下来，白居易的家世虽不算显赫，但也算是个远近闻名的官宦之家。祖父白锽共育有五个儿子，大多在外为官。白居易的父亲白季庚曾当过检校都官郎中。除了白季庚，次子白季殷，在徐州任沛县县令；三子白季轸，任许州许昌令；四子白季宁，在河南参军；五子白季平，乡贡后中进士。

白居易，是白季庚的第六个孩子。白季庚在白居易之前的五个孩子，都隐没在浩大的青史里，只有一个儿子同白居易关系密切，并有所记载。其他的孩子，是男是女，是生是死，后人几乎是一无所知。

那些手足，实际上同白居易只有一半的血缘关系。他们是同父异母的兄弟，而白居易的母亲陈氏，是白季庚的续弦妻子，同丈夫有着巨大的年龄差距，可以称得上是老夫少妻。

母亲陈氏，是个温婉的女子，孝顺长辈，善待前妻留下的子女，对自己的孩子，也是悉心照顾。在幼年白居易清澈的双眸里，看不到世间的任何险恶，外面关于后母虐待前妻子女的传言，在这个大宅里，从未发生过，他也始终都是一个幸福的孩子。

最明亮的欢乐火焰大概都是由意外的火花点燃的。人生道路上不时散发出芳香的花朵，也是从偶然落下的种子自然生长起来的。这座深门大户的庭院里，他看到的是袅袅的茶香，庭前年年开落的白茶花，满屋陈旧泛黄的经卷书籍，一切都是如此沉静温暖。

此时的白家，像是被日光格外眷顾的所在，一点一滴，是如此安详静好。

尽管，家里的男人们仕途上并不显赫高贵，然而他们顾家、持礼、上慈下孝，家中的女子亦是兰心蕙质，无怨无悔地操持着后院事务，将不大却事务烦琐的一个家打理得井井有条，处处都洋溢着温暖与笑声。

在白居易的童年生活中，双亲将他当成手心的宠儿，疼爱却并不溺爱，娇宠却知道孩子始终需要成长，所以培养了他良好的品性。

在白居易的记忆里，母亲温柔可亲，是位慈母；父亲要求严格，是严父。严父刚正不阿，忠心耿耿，这个形象，一直留存在他幼小的童年记忆里，这在他日后的仕途生涯里，产生了极大的影响。父亲是怎么为官的，是怎么对待百姓的，又是怎么对朝廷的，那是白居易所获得的最初关于官场的启蒙，这一课，由他的父亲白季庚亲自教授。

山山水水，兜兜转转。后山的紫竹林里，仿佛有人轻轻地行走在碎石小径间，清风柔长，明月婉转，其实是风声送出了无数"沙沙"的歌，歌声里，是欢喜、是感伤、是寥落、是快活，组成了人生。

人生是一个或荡气回肠，或安谧沉静的故事，而白居易的故事，在一种平和安详的气氛里，唱起了开场白。此时年幼的孩童，是不会明白这是一个开始，也无法想到这个开始，最终都要走向最后。

万爱千恩，慈母柔情

白居易的母亲陈氏，清晰地记得那个难忘的日子。

她诞下一名男婴，白家上下欢欣雀跃自不必说，她看着襁褓中的孩子，露出了欣慰的笑容，这笑容中也带了些许苦涩。回首自己曾走过的人生，虽短暂，却心酸；虽平静，却满是悲凉，使人垂怜。

白居易的母亲陈氏也是官宦家庭出身，虽家资甚微，也算是一个祥和安乐的家庭。然而，这样和谐的生活并未长久地眷顾这个家庭。天有不测风云，灾难降临到这个家庭中，八岁的陈氏，永远地失去了父亲。父亲的离世让家中失去了支柱，母亲犹如遭受晴天霹雳，家中的钱财已无法满足母女俩相依为命的愿望，母亲不得已只好领着陈氏回到了自己的娘家白家。

年幼的陈氏将开始咀嚼一个新的词汇：寄人篱下。人生的路就如小河一样弯弯曲曲。她心中的一片苦楚不知该向何人倾诉，

但能心静即身凉 白居易诗传

就这样年复一年，陈氏在孤独中成长着，十五岁的她已经出落成一个亭亭玉立的女子。时光带走的不仅是年少无知的青春，也有她无限的孤独与悲凉。

花季少女的梦，在她的生命中不是早已破碎，而是从未曾出现过，她的青春，是一个冗长的悲哀回响。十五岁的她也像无数少女那样待字闺中，但她从母亲带她回到白家的那一刻起，就明白自己的命运已注定如此，要在家族的安排中度过自己的一生。

人生，没有什么东西是应该平白得到的。十五岁的她将顺从家族的安排，嫁给比她年长二十六岁的白季庚。这种封建社会中家族安排的婚姻，老夫少妻的组合，并无幸福可言。崭新的人生路上，没有崭新的希望，有的却是崭新的无尽悲凉。

婚后的她也并未因自己的生活而有一丝喜悦。相反地，她更加抑郁，悬殊的年龄差距已让她对婚姻生活不抱任何希望。更主要的是，她与白季庚是近亲，母亲白氏与白季庚是堂兄妹，自己则是白季庚的从外甥女，即使没有血缘关系，这种辈分的差距也让陈氏相当难堪。

当陈氏看着正在自己的臂弯中甜美酣睡的孩子，她顿时觉得苦尽甘来，一种久旱逢甘霖的甜蜜涌上心头。憔悴的脸上也迎来了久违的笑容，似一朵盛开的花朵，绽放于心头。

因为有了希望和未来，她的眼中更是多了一份面对生活的坚定。她甚至开始畅想今后的日子，儿子时常围绕膝下的场景。在今后的生命里，她不再孤零零地带着一份寄人篱下的自卑生活在这个家中，儿子将会是她最亲的伴。她的人生，因为儿子的降生而有了新的希望。

正值青春的她，虽过早地经历了人生的苦难，但如今雨过天晴，她的人生因为这个孩子而被重新定义，她终于有理由期待未来人生路中绮丽的风景。

五年后，她的第二个儿子白行简出生了。这两个可爱的孩子，为她带来了莫大的欢乐，伴随着这两个孩子的成长，陈氏享受着人生最美好的时光，那是一种作为母亲无法言语的幸福，那是辛劳一生却无怨无悔的执着。

春去秋来，四处一片荒凉的景象。落叶在空中盘旋而下，轻缓地落入泥土之中，昭示着一生悄然落幕。人生不就是如此，即使此刻荆棘密布，狂风骤雨，然而一切也终将散去，新的希望终究会淡然地在你的生命中展开。大有"沉舟侧畔千帆过，病树前头万木春"之意。

春日的慵懒、夏日的浮躁都已被一缕萧瑟的秋风一扫而尽，没有人会再因街边的景色而驻足停留，或许只有那感时伤事的诗人会再吟出"无边落木萧萧下，不尽长江滚滚来"的悲怆情怀。

繁华的街道没有了往日的喧嚣，取而代之的是人们行色匆匆的脚步，时光就在这匆匆的脚步声中悄然流逝，在人们落寞的神情中黯然失色。秋日会让许多迷茫的人心生惆怅，或许是景色的烘托，他们再一次站在十字路口，找不到方向。

这个秋天，让初为人母的陈氏，找到了自己人生的希望。"嘿嘿，哈哈"几声清脆如银铃般的笑声，敲碎了这个季节那让人沉闷的气氛。白家大院中，充斥着欢笑声，有儿童般天真无邪、不谙世事的笑声，也有母亲陈氏发自心底欣慰的笑声。

这些欢笑为这个季节带来了一丝暖意，暖人心底。白居易的一生就这样悄然拉开了序幕。

陈氏让儿子在自己无尽的爱中成长，幼小的白居易也极其依赖母亲，母子的缘分或许前世早已注定。从白居易出生的那一刻起，母亲就对这个孩子多了一分熟稔与亲切感。年幼的白居易像无数平凡的孩子一样，在童年时期聆听欢声笑语与母亲的叮咛。

陈氏虽是白家的少夫人，但对家务事，无论大小，全都身体力行。即使身处这不幸婚姻的悲哀中，陈氏也从未有一句怨言，依旧任劳任怨地孝顺公婆，将家中的一切打理得井井有条。她自幼就随母亲过着寄人篱下的生活，这种生活带给她不安与悲伤，她缺乏安全感，但也养成了谨言慎行、懂理重教的性格。

白居易每天看着母亲为家务日夜操劳，对母亲的这种勤恳与认真，执着与坚持，都刻骨铭心。由于白居易的父亲白季庚常年在外为官，家中教育子女的重担自然就落在了母亲陈氏的身上。在产下白居易的时候，陈氏只有十八岁。这个柔弱的女子，在自己最美好的岁月，挑起了家庭的重担，将自己的青春默默地献给了这个家。

韶华易逝，她没有闲暇慨叹自己不幸的人生。作为白季庚的续弦妻子，她对白季庚前妻的孩子全都视如己出，尽心地哺育着。白居易自幼就与几位兄弟的感情尤为深厚，以至于日后经历战乱、骨肉分别时，作了一首《望月有感》：

自河南经乱，关内阻饥，兄弟离散，各在一处。因望月有感，聊书所怀，寄上浮梁大兄、於潜七兄、乌江十五兄，兼示符离及下邽弟妹。

时难年荒世业空，弟兄羁旅各西东。

田园寥落干戈后，骨肉流离道路中。

吊影分为千里雁，辞根散作九秋蓬。

共看明月应垂泪，一夜乡心五处同。

在白居易眼里，母亲陈氏是一位有见识的母亲。陈氏深明大义，她明白，爱孩子不仅是给他们优质的生活环境，更要让他们学知识、明事理；爱孩子，不仅希望他们有朝一日能功成名就，更要给他们一副不畏强权、为国为民的忠肝义胆，还要有"穷则独善其身，达则兼济天下"的人生观。

母亲陈氏虽然家道中落，但自幼的耳濡目染让她成为一位温婉恬静的女子，知书达理，谦虚谨慎，对一些政治时事也常有自己独到的见解。虽然她对孩子们的学业要求严格，但绝不严厉，脸上常挂着慈祥温婉的笑容，让孩子们能感受到家的温暖。

于是，人们总能看到，当春回大地草长莺飞的时候，一位慈祥的母亲与几个活泼的孩子一起,他们伴着鸟语花香,一起游园赏花,享受着春天的气息。夏日的夜晚,满天星辰竞相闪烁,母子几人在庭院中纳凉,孩子们常围绕在她身边,听她讲着人生中的酸甜苦辣。到了收获的季节,她也会带着孩子们去了解收获的故事。

白居易在《唐故坊州鄜城县尉陈府君夫人白氏墓志铭·并序》中曾书,"及居易、行简生,夫人鞠养成人,为慈祖母。迫乎洁蒸尝,敬宾客,睦娣姒,工刀尺,善琴书,皆出于余力焉",以此来记录母亲陈氏的贤良和善。

白居易天资聪慧,异于常人,这让母亲陈氏很欣慰。她知道儿子是个可塑之才,但她没有像其他父母一样,望子成龙,拔苗助长,而是用自己的心血浇灌着这颗正在萌芽的种子,希望终有一天他可以长成参天大树,荫庇母亲,荫庇天下的劳苦大众。

母亲的心血播撒在了每一个孩子身上。孩子们也从未让她失望,昼夜苦读,为考取功名光耀门楣,也为回报母亲的良苦用心。

白居易成年后,对母亲昼夜耐心教导的画面还历历在目,那些儿时并未完全理解的教诲还回响在耳边,每每想起,都刻骨铭心,受用终生。

白居易在《襄州别驾府君事状》中曾提到:

又别驾府君即世,诸子尚幼,未就师学,夫人亲执《诗》《书》,昼夜教导,恂恂善诱,未尝以一箠一杖加之,十余年间,诸子皆以文学仕进，官至清近，实夫人慈训所致也。

白居易对母亲的感恩之情，都蕴含在这一字一句中。

就这样，陈氏在孩子们的成长过程中扮演着一位慈爱母亲的角色，更是孩子们人生航程中的导师，倾尽全力让他们到达成功的彼岸。然而这样一位成功的母亲，却因适逢乱世，被生活中长期的压力和一段不幸的婚姻折磨得身心疲惫，最终因长期抑郁，投井自杀。

慈母一生，繁花落尽，唯有爱子的心，永不褪色。你出现在我的生命之中，原是为了陪我走一段路，看着我成长。你离我而去，也只是为了成全我，让我独自承担自己的生命，体现我在你身上所领悟的一切，纯洁勇敢如新生。

天资卓越，禀赋聪敏

善良纯真的孩子，他们不曾涉足这纷繁的尘世，未曾在俗世的喧嚣中迷失自己，他们眼中的世界，只有日出的光芒，没有日落的余晖。

小娃撑小艇，偷采白莲回。

不解藏踪迹，浮萍一道开。

白居易《池上》一诗笔下所描绘的此情此景，好不惬意。盛夏当头，斑驳的日光透过浓密的绿叶，尽数泼洒在河边玩耍着的孩童身上。

孩童们天真的笑声时而划过天际，为这炎炎夏日送来一丝清凉，沁人心脾，让人神清气爽。他们眼中的世界，只有欢笑嬉戏，没有惆怅迷惘；他们眼中的世界，是我们曾期盼的，但回不去的曾经。一切的一切，都是无限美好。

每个人的童年都曾有过像诗中这般的场景。与儿时的玩伴，在清澈见底的小河里，撑着不知是谁家的小船，小心翼翼地划到河中央，争先恐后地采下那如出水芙蓉般娇嫩的白莲花。最后还天真地以为没有人会发现自己所做的这一切，谁知那水中的浮萍，已用优雅的身姿为我们铺开了一条小路。

白居易之所以能对此情此景情有独钟，大抵也是因为在新郑的童年是他今生最难割舍的一段经历吧。

白居易在《宿荥阳》这首诗中曾介绍过：

生长在荥阳，少小辞乡曲。

迢迢四十载，复向荥阳宿。

去时十一二，今年五十六。

追思儿戏时，宛然犹在目。

旧居失处所，故里无宗族。

岂唯变市朝，兼亦迁陵谷。

独有溱洧水，无情依旧绿。

这也印证了白居易的童年是在新郑度过的。

提到白居易的故乡新郑，就不得不提及他的祖父白锽。祖父白锽曾任巩县县令，与当时的新郑县县令是故友，当时的新郑县虽无大都市的富丽繁华之美，但却有让人流连忘返的淡雅淳朴之美。

新郑的山川虽不雄伟，但清秀淡雅，让人心旷神怡，缓缓而过的河水，让人愿意放慢脚步，追寻它的源头。放眼望去，一幅水墨山水画的美景仿佛浮现在眼前，栩栩如生，小桥流水人家，炊烟袅袅，笛声悠扬。

　　本地民风极其淳朴，这些场景都让白锽魂牵梦萦，如痴如醉。于是在一个晴空万里的春日，白家举家搬到了此地。如此美景似乎象征着人杰地灵，因为在此地，不久就诞生了一位中国古典文学史上的标志性人物，他曾为那个时代的文学竖起了一座新的丰碑，为后人留下了传诵至今的诗词。

　　白居易，看似平凡，却演绎出了传奇的人生。那时候，未来遥远而没有形状，梦想还不知道该叫什么名字。在白居易六七个月大的时候，他也像普通孩子那样，被乳母带着，对于这个"初来乍到"的小生命，世间的一切都是那样新鲜，那样充满魔力，他迫不及待地想了解这个神奇的世界，他用尽全力吮吸着这个淳朴家乡带给他的新鲜气息。

　　唐代宗大历八年（773 年）五月，即将进入炎炎夏日，田间的蛙鸣已一日比一日聒噪，阳光也一日比一日长。祖父白锽却未曾等到下一个同样炎热不安的夏季。他死在五月第三个酷热的夏日，在繁花似锦的京都长安城，就这样无声无息地离开了人世，归彼荒年。

　　那时，白居易不过一岁，或许刚刚长出了米粒大小的门牙，因为磨牙而口水不断。未解人事的孩童，当然不知道死亡意味着什么，他眼见的所有事物，都是充满新鲜和欢喜。

　　雪白的幡布被悬上了白家的门梁，吊唁的人络绎不绝。白锽为官清正，虽然人微言轻，在当地的声望却十分清正。因为父亲的病逝，白季庚兄弟几人，受制丁忧，因而回到了新郑的家中。而许久未曾见到孩子的白季庚，也因此得到了一个同娇妻幼子团聚的机会。

在白居易还很小的时候，乳母随手指着两个字来给他认识，他随着乳母手指的方向望去，心中满是疑惑，但眼中闪烁着渴求的光芒。乳母随之告诉他，那两个字念"之""无"。襁褓中的白居易虽然还不能说话，但好似一切都心领神会，默默地将这一切都记在心里。从此，无论谁向他询问这两个字，他都可以清楚地辨认出来。

如果你问叙述这件事的人，是否有夸张的成分，这件事的真实性也有待考究。但白居易日后能有这番让世人瞩目的成就，写出如此多流芳百世的作品，恐怕与他的天赋异禀是密不可分的吧！

时光荏苒，无忧的童年也在一次次的日夜交替、星辰变换间慢慢逝去。年幼的白居易开始用自己的双脚去开拓人生路。

你永远不会了解，一只昆虫、一片落叶、一眼清泉，在孩子幼小的世界中会被幻想成何种神奇的力量。最初的每一步，都是充满着惊喜，在孩子们的世界里，未知的世界对他们来说有莫大的吸引力。白居易从小就拥有一双善于观察的眼睛，他经常会用双眼去发掘生活中的美好，将它们幻化成那些广为流传的诗作。

白居易的诗能如此深入人心，追其原因，是他的诗既有社会底层苦难人民的呼唤，是真情实感，能引人共鸣，也有这生活中不舍的点滴，是一些人珍惜的现在，又是另一些人追忆的过去。

白居易长大后，他用双眼发现着人间疾苦，用诗歌讽喻着世俗人间，慰藉着劳苦大众。

父母看到儿子自幼天资聪颖，与一般的孩童相比，确实有过人之处，自然是喜上眉梢。温婉娴静的母亲每次提到儿子都赞不绝口。

时间一定会把我们生命中的碎屑带走，飘远。而把真正重要的事物和感情，替我们留下和保存。这也是母亲对白居易的一种启发和鼓励，她希望自己的儿子能够在赞美声中健康成长，这样才能让孩子发现自己的闪光点，并坚定地向着自己的目标前行。

那年初夏，蝉声蛙鸣不绝于耳，让这个闷热躁动的季节变得更加不安。年仅三岁的白居易此刻却在母亲手把手的教授下，写下了人生中浓墨重彩的一笔。这个稚气未脱的孩童，清澈的眼神中流露出的坚定与执着让母亲又多了些许欣慰，自己的这一笔，也奠定了日后在浩如烟海的历史中，注定会有他的足迹。

光辉荣辱都是后来的故事，此时的白居易还是母亲怀里那个可爱的孩子，他还不懂这个世界，不懂什么是悲伤。

母亲日夜不懈的教导终于让他在今后的岁月中体味了收获的喜悦，白居易五岁便学会了赋诗，八九岁的时候已经懂得辨别声韵。

白居易的母亲就是那样一个细心的女子，她懂得欣赏世间的美丽，她是伯乐，她善于将这些美丽收藏，那是专属于一个女子的领地。母亲不仅教授儿子文化知识，她更希望儿子可以德才兼备，拥有可以在黑暗中扬起风帆的勇气，经历过挫折后的淡然，最重要的是出淤泥而不染的正气。不仅可以凭借学识和诗作光耀门楣，更可以凭一身正气名扬万里。

白居易喜欢守在父亲的身边，听父亲讲着外面的趣闻，那是常年守在家中的母亲所不知的。那些精彩的故事，总是能轻易地感染白居易。

除此之外，白居易还常常向父亲讨教作诗的学问，幼小的白居易继承了父亲刚正不阿的品格，对国家无限忠诚。

白居易作诗的天赋除了源自祖父与父亲无形的感召与熏陶，自然也少不了外祖父陈润的一脉相承。

陈润亦是明经出身，唐代宗大历五年（770年）明经及第，次年复登茂才异能等科，擅长作诗，《全唐诗》存其诗作八首，《全唐诗》补篇存其诗作一首。

白居易就是出生在这样一个以作诗擅长却又世代为官的家庭中，自幼在家人潜移默化的影响下，养成了勤于思考、好读诗书的习惯，每览前人诗作，也都有自己别样的感慨。他懂得，那书中的诗，是述今朝之事，也抒昔日之情。

纷繁的尘世，几代浮沉，随波逐流的人们终将被岁月洗刷在浩渺的烟海中。白氏一家，因几代人的浮沉往事，和白居易曲折而粲然的一生，为世人所知。

乱世动荡，父济天下

昔日拥有贞观之治到开元盛世磅礴景象的唐王朝，正在逐步淡出历史舞台，淡出人们的视线，盛唐时期著名诗人杜甫曾在其诗作《忆昔》中这样追忆过初唐的胜景："忆昔开元全盛日，小邑犹藏万家室，稻米流脂粟米白，公私仓廪俱丰实。"

诗中"稻米流脂""仓廪丰实"的生活开始被战火纷飞、民不聊生慢慢侵蚀着。往日繁华富庶的大唐盛世将一去不复返。唐王朝正在一场场战火的洗礼中褪尽铅华，走向衰亡。

白居易的出生，恰逢唐朝衰亡的时期。年幼的他还未曾亲眼看清这历史上著名的开元盛世，就被命运无情地安排在这唐朝走向衰落的时期。

生逢乱世的他，饱受流离之苦，常忍分别之痛。然而，披荆斩棘、波澜起伏的一生总好过碌碌无为，匆匆而过。而因命途多舛，却生生不息而散发出平生最后一丝耀眼的光芒。他的人生历经了从唐代宗到唐武宗八个王朝的更替，风雨飘摇、社会动荡、百姓煎熬的景象在白居易的生命中无数次烙下了深刻的印记，朝代的频繁变更，只会让生灵涂炭，民不聊生。

冰冻三尺非一日之寒，一个可以称之为中国历史上最繁盛的王朝，怎可在短短的光景中就沦落到尸横遍野、硝烟弥漫。一个曾开创了我国封建社会先河的王朝，却为何在历史的舞台上黯然失色。在唐朝由繁盛走向衰落的初期，渴望平凡生活的人们仍对开元盛世念念不忘，抱有一丝幻想。

他们不愿相信，昔日胜景在此刻即将破灭，毁于一朝一夕间。初唐的繁盛也使得文化界曾出现百家争鸣的场面，即使在这战火纷飞的年代，儒家弟子仍利用儒家学说支撑着他们再造盛世的信念。

但朝廷上宦官大肆干政，唐玄宗好大喜功的毛病也使得边境将领经常向异族挑战，以此来邀功。久而久之，形成了边将专军的局面，边境将领与节度使的联系也日益密切，待时机成熟后，更发动了"安史之乱"。

这个昔日的鼎盛王朝，注定要以悲剧结束自己在浩荡青史中的一段演绎。曾风光无限，屡创先河，如今却四分五裂，暗淡无光。从此唐朝由盛转衰。衰落中的唐朝，赋税制度破产，国家财政陷入了危机，藩镇割据的局面，久久得不到控制，各党派权倾朝野。

国家的命运与每个人都息息相关，在白居易幼小的心灵中，

但能心静即身凉 白居易诗传

这个满目疮痍的黑暗社会，已经不知不觉间为他的肩上，增添了一份使命感。对出身书香门第、"敦儒世家"的白居易来说，战死沙场、马革裹尸的生活注定与他无缘。但他可以用自己的一双手、一支笔，写尽天下苦难，道出人间悲欢。

安史之乱直接导致了唐朝边境的不安。然而攘外必先安内，朝廷内部的中央集权虽然有所削弱，但藩镇割据后，各藩镇逐渐壮大自己的政权，私自向民间征税已经成了公开的秘密。

在这个战火纷飞的年代，苦难的生活已经让人民再承受不住任何的压力，腐败的朝廷由于内部的混乱已经无力抑制各藩镇了，各节度使更是将唐朝的土地据为己有，襄阳节度使梁崇义拥有襄、邓、均、房、隋、郧、复七州之地。而安史之乱的旧臣李宝臣则占有恒、定、易、赵、深、冀六州之地。吐蕃、回讫的冲击给了这个走在灭亡道路上的国家致命一击。

那一年，十岁的白居易在战火还未蔓延至新郑的家中时，两耳不闻窗外事，一心只读圣贤书。但在外为官的父亲，却时时让家人惦念着。祖父去世后，父亲作为长子，顺理成章地成为这个家中的支柱。如今正值乱世，战火频仍，家中无不为父亲的仕途以及他的安危担忧。

白居易的父亲白季庚当时正任彭城县令，虽只是一个七品小官，但自幼受家庭影响，怀有一腔热血，疾恶如仇。在国难面前更愿挺身而出的白季庚此刻正伺机而动，要为国家的安定、为百姓的安居尽一份自己的力量。

这年正月，寒风在这动荡的年代无情地嘶吼着。面对藩镇割据的凌乱局面，朝廷决定发兵征讨，征讨队伍分为两路。经过缜密地分析和部署，大军出发。一路征讨谋反的原成德军节度使李宝臣之子李惟岳；另一路则征讨谋反的魏博节度使田悦。两路征讨队伍的战争依次打响，战火绵延千里。所到之处，民不聊生，哀鸿遍野，一片凄凉。

双方交战数次，朝廷用兵乏术，对于田悦的军队毫无办法，屡次落败。这场征讨战役，也由正月持续到了六月，战火中的人们从冰天雪地的寒冬熬到了艳阳高照的酷日，仍旧没有看到一丝胜利的曙光。他们的春天已经消失在战火之中。他们的眼神中只有国破家亡的伤感，再无春意盎然的喜悦，即使草长莺飞，大地回春，也无法唤醒他们心中的希望。他们的心早就随着亲人的离别、家庭的破碎而粉碎成灰，在风中摇曳。

这边征讨未见起色，那边朝廷再次派出的征讨梁崇义的队伍也在不动声色地实施着自己的战略。显然，这次的战略是成功的，短短两个月，就击败了梁崇义。不过，短暂的胜利也并未给这个动荡的国家带来片刻的安宁。

平庐节度使李纳素以擅长用兵，在自己的父亲去世后，接任父亲的兵权，独自率军支援此刻正处于焦灼状态下的田悦军队。李纳的叔父李洧当时正任徐州刺史，是李纳的部将。

白季庚见此情景，觉得机会来了，他劝说李洧举州归顺朝廷，

但能心静即身凉 白居易诗传

起初李洧不为所动。白季庚动情地陈述着，自己作为一个县令，所看到的下层百姓所经历的苦难，再放眼整个朝廷，若一日不平息内乱，百姓注定要再遭战乱之苦，国家兴亡也关乎着所有人的命运，没有人愿意看到自己的家人有一天也要遭受骨肉分离之苦。

终于，白季庚打动了李洧，他决定举州归国。并决定先派社巡官崔程先去禀报朝廷自己的归顺之意，然后嘱托朝廷说徐州的军队不足以抵抗李纳的军队，若要保住徐州，需派徐、海、沂三州的观察使前来支援。并把他所了解到的李纳军队的情况尽数向皇上禀明。

于是，崔程得令后快马加鞭来到了京城。但他却没有意识到，当前的朝廷，宰相分权而治，朝中的宰相不止一个。他仅将此事告知了宰相张镒。张镒不以为然，他告诉崔程，这并不在自己的管辖范围之内，将此事推给了宰相卢杞。卢杞听崔程叙述完这件事后，大感不悦，觉得崔程并未将自己放在眼中，于是不理崔程的请求，让他另觅高明。

此时已经焦头烂额的崔程眼看此事就要在自己的手中毁于一旦，国难当头，关乎国家利益的事，怎能就此罢休。于是，他使尽浑身解数，终将此事转奏给了皇上。

皇上闻此喜讯，自然龙颜大悦，当即恩准了奏请，打赏了崔程，派了精良的军队前去支援。

京城这边增援的队伍正在向徐州日益逼近，而徐州城那边战况十分吃紧，已经被围困了四十多日的徐州城，粮草不足，军队疲于奔命，百姓更是苦不堪言。

事后，白居易在知晓这段历史后，在《襄州别驾府君事状》中记录道：

徐州无兵，公收合吏民，得千余人，与李洧坚守城池，亲当矢石，昼夜攻拒，凡四十二日，而诸道救兵方至。

这场战役虽谈不上经典，也说不上激烈，但父亲白季庚与李洧的奋力拼搏、浴血奋战、誓死抗争的精神是这场战役胜利的关键。这种坚毅与勇气，让白居易每每想起时还十分触动。

父亲的这种无畏与勇猛是乱世铸就的，而同样生逢乱世的白居易，自幼在父亲精神的感召下，在儒家思想的净化下，被那种强烈的为民为世的使命感引领了他的一生。他在评价父亲白季庚时说："由于徐州一郡七邑及埇口等三城到于今讫不隶东平者，实李洧与公之力也。"

后来，唐德宗念白季庚抗敌有功，封其为徐州别驾，让其在自己誓死保卫下的徐州任职。

在白居易的眼中，父亲曾经只是一个不苟言笑，只擅长作诗的县令。但经历了此事后，他重新审视了一个对他今后的仕途产生莫大影响，让他树立了"兼济天下"的人生观的父亲。

一个年轻的生命总是承载了太多的单纯和热情，想象着以后能够成就的伟大事业，能够成为名垂青史的人物。就像路边绿色

但能心静即身凉 白居易诗传

的小草，看似渺小却蕴含了强大的生命力。

生逢乱世不足以让人意志消沉，不足以让人在一次次的苦难中迷失了毕生的信念。苦难的生活可以让历史铭记一个人，也可以摧毁一个曾经风光无限，如今却战火纷飞的朝代。

白居易的一生在乱世中一步步走来，也在书中一页页地展开，他用自己跌宕起伏的人生序曲，让人为之感慨万千，驻足回眸。

楚山吴江，空灵隽永

　　淅淅沥沥的小雨敲打着路边的青石，一滴两滴，滴滴清脆入耳。屋檐下的少年白居易还在数着落下的雨滴，不一会儿，细雨中渐渐升腾起了雾气。

　　人生辗转，岁月载着白居易的生命来到了符离。这是他第一次体味乡愁。他望着这眼前升起的层层雾气，心中不觉一阵悲凉。思乡情切，本就遥远的故乡此刻变得更加遥不可及，日日向家乡的方向眺望。如今，自己归乡的路途，彻底地消失在了这一片雾蒙蒙的景象中。

　　归乡，不知从何时起，成为白居易心中一个遥不可及的梦。梦中的他在新郑的家中听母亲讲授知识，与兄弟共叙手足之情，还时常与儿时的玩伴游园泛舟。然而醒来后，依然只是陌生的环境，空荡的房间只有他与母亲两个人。即使踏足庭院之中，也无往日的欢声笑语和家人的亲切叮咛。

　　白居易时常看着窗外的景色发呆，从春意盎然看到烈日炎炎，从落叶纷飞看到白雪皑皑。尤其是秋日落寞的氛围让他思乡之情更浓。每当看着片片枯黄的落叶从孕育它的枝头缓缓落下，深埋泥土之中，他便会想到自己。树叶也有落叶归根之意，自己何时才能回到孕育自己的故乡，再看一看新郑的花，还是那年的姹紫嫣红吗？

白居易一直生活在这样战火纷飞的年代，他的心已经被那无情的战乱摧残得千疮百孔。不是为自己，只是为了心灵深处最柔软的部分，还有那如火山般炙热的大义。

白居易的记忆定格在了唐德宗建中三年（782年），无情的战火已经绵延到了白居易的故乡——河南新郑。那本是硕果累累的金秋十月，朝廷派去征讨李纳等叛军的军队首领李希烈背叛了朝廷。随后，李纳、朱滔、田悦、王武俊等人都各自占地封王，公然与朝廷对抗。不久，李希烈也自称天下都元帅，率领自己的军队攻陷了今天的河南临汝一带，朝廷大为惊恐。于是派人征讨，但不见起色，军队屡尝败绩，李希烈又于次年四月攻下了汴州。

自此，河南境内硝烟弥漫，而白居易的家乡新郑，与被攻下的汴州唇齿相依，战争就要吞噬曾经风景秀丽的故乡了。白季庚见此情景，心中焦急万分，遂快马传书至家中，向家人说明如今局势的混乱，并将他们接到了自己在徐州所管辖的符离埇口一带居住。

于是，在此地战争即将打响的前夕，白居易随家人搬出了新郑的家，开始了自己的另一段人生。

年幼的白居易不忍对这个自己生活了十一年的土地说一声"珍重"。他不舍这里的一草一木，不舍在这里残留下的每一份感情，他不敢面对此刻的离去。因为这一别，不知何日再能与故乡重逢。

故乡，就像一个陪伴了自己十一年的老朋友，难分难舍；故乡，此刻更像一个垂暮的长者，目送着从这里走出的一个又一个的希望，却难说再见。白居易带着对新郑的百般不舍与眷恋，头也不回地迈出了自己的脚步，他不敢回头再望一眼走过的路，此刻复杂的心情，指引着他径直向远方走去。

初到异乡的白居易，时常带着对故乡深切的眷恋，孤独地在窗前伫立。良久，他凝望着远方，口中似乎要说些什么，却又不知从何说起。此处纵有万般美景，此刻也无法打动白居易。时局动荡，背井离乡来到这个陌生的地方，如果不是父亲在此处为官，这里，恐怕今生也不会与自己有任何的联系。

白居易心中的万般无奈，也只好化作一声叹息，萦绕心头，久久挥之不去。白居易对当下的时局、百姓的苦难，有着万般的无可奈何。这样的情怀，对他的一生，亦是一种无形的牵引。

在很长的一段时间内，白居易甚至不愿涉足屋外半步。他只想孤身一人，活在故乡的回忆之中，即使是在回忆里沉沦，也无怨无悔。

但能心静即身凉 白居易诗传

那时的他，终日在家中与母亲为伴。他手中常握书籍，通过读书来抒发自己寂寥的情怀。从离开新郑的那一刻，他就开始对这个承载着自己命运的社会，有了新的认识，同时也陷入了对自己人生的思考之中。

他在韶华年纪，缺失了这个年纪应有的天真，反而增添了几分涉世已久的成熟。他的世界开始沉静得如一潭清泉，不曾泛起一丝涟漪。他的思念，恰如深不见底的大海，只有深不可测的想象。

只有经历了这样的生离死别才知道生命的可贵，经历了战乱才知道和平的美好。岁月流转，在人们的不经意间，春水冬流，日暮西沉，时间悄无声息地经过生命，却又不动声色地流走，让人无法捕捉到它的身影。白居易终于不再整日闭门不出了，他开始接受这个新环境，开始为自己寂寥的心寻找一份寄托。

故乡此刻虽已被战火吞噬，但美好却永留心间，任谁都无法将它抹去。每日照例的读书学习之余，白居易开始走出家门。

白居易惊喜地发现了许多这个日后被他称为自己第二故乡，陆陆续续生活了二十几年的符离的特有美景。他的心此刻如沐春风，当他向这个陌生的地方迈出第一步的时候，便有了一种似曾相识的感觉。这里的景色没有像新郑那样粗犷外露，而是羞怯地掩饰着自己的一切，等待着有人来探访这耐人寻味的美。

自幼饱读诗书的白居易，也曾幻想过前人诗作中杨柳依依、芳草萋萋的楚山吴江之美。如今亲眼得见，果真足以让名家大师为之倾倒。白居易所寄居的符离，虽算不上名胜之地，却有江南地区独有的轻柔隽永之美，值得细细品味。

年幼的白居易在探访山的灵动、水的飘逸的不经意间，发现了此地让他触动颇深的地方——流沟寺。

清幽淡雅间流露着一丝神秘的古刹，此刻正被一片郁郁葱葱的山林环绕，没有过多琉璃粉黛的修饰，只需正襟危坐，宁静祥和自入人心。寺前沟壑纵横，也有碧波日夜川流不息，象征古刹屹立不倒，福佑百姓。待到天朗气清之日，抬头望去，空中时常点缀朵朵祥云，一片宁静祥和，是清修归隐之士的一片净土。或到细雨绵绵，烟波浩渺之时，升起的点点雾气，古寺宛如凌驾于仙境之中，更添一种神秘与迷离。

古刹儒雅清幽的氛围也深深吸引着白居易。年少的他每当心烦意乱、心生惆怅之时，都会来到此地，听悠扬的钟声在脑海中回荡，荡涤自己的心灵。

白居易曾两次为古刹题词赋诗，可见古刹对白居易的影响之深，其中有一首《乱后过流沟寺》：

> 九月徐州新战后，悲风杀气满山河。
>
> 唯有流沟山下寺，门前依旧白云多。

短短四句，虽通俗易懂，实则内涵颇深，诗中直言时局动荡，新战不断，自己也对这个黑暗腐败、时局动荡的社会失望透了。

但能心静即身凉 白居易诗传

但又恨自己只是小小少年郎，无力改变这一切。

面对战乱，自己无计可施，还要背井离乡，躲避战争的袭击。他想到正在经历战火的家乡，正在四处漂泊的亲人，自觉羞愧难当，眼中不知不觉间噙满了泪水。

感时伤事的白居易还曾为寺中古松而作诗：

题流沟寺古松

烟叶葱茏苍麈尾，霜皮剥落紫龙鳞。

欲知松老看尘壁，死却题诗几许人。

自此，古刹也因白居易的动情描绘，而成为当地的独有标志。山川美景难掩古刹之美，清幽淡雅难解诗人之悲。

符离，其因草而得名，草也因形状似"符"而称为"符"；而"离"字，则有形容小草生长茂盛之意。

离离原上草，一岁一枯荣。

野火烧不尽，春风吹又生。

远芳侵古道，晴翠接荒城。

又送王孙去，萋萋满别情。

这首《赋得古原草送别》是白居易的成名之作。正是在符离，十六岁的白居易触景生情，写下了这首生命的赞歌。他追随着小草生命的痕迹，描述了这顽强而又生生不息的生命力。茂盛的小草，是符离的代表，放眼望去，一片葱郁。有繁盛就有毁灭，此刻的茂盛，给人希望，他日的枯黄，又会留下怎样一片荒凉。

小草，在属于它的季节，奋力地生长着，然而也终究逃脱不了春荣秋枯的命运。但它毫不畏惧，也无须惋惜，它将用自己顽强的生命力，演绎着一生的茂盛。即使野火焚身，却可以愈挫愈勇。烈火只让人们看到了毁灭的悲壮，却无从体会那重生的乐趣。烈火再猛，也无法将小草深埋地下的根毁灭，也无法席卷小草对大地纯真的眷恋。静待一袭春风来，化雨泼洒笑颜开。小草以迅猛的姿态回击怒火曾经的狂啸，一片葱茏之景，再次覆盖了大地。

　　白居易赞扬小草顽强的生命力、坚韧的品格的同时，也在激励着自己。正在战争中苦苦煎熬的百姓，此时正如烈火焚身的小草，经历着肉体的疼痛、心灵的打击。然而，他坚信无情的战争终有过去的一天，只有小草般不屈的意志、顽强的生命力，才会迎来春回大地的那一天。

　　一个从来没有经历过灾难的人，不会知道春天的可贵；一个只知道灾难的人，也无法感知春色之美。白居易是这苦难大众中的一人，他也曾深深地眷恋着自己的故乡。如今，他也在等待一缕吹向自己的春风，让身处乱世的他，可以为世为民有一点贡献。这样一首生命赞歌，不仅时时激励着每个人，也为白居易今后的仕途铺平了道路。

　　其实，我们耳熟能详的这首诗，还有另一番送别之意。此诗本为送别友人所作，但开头四句所描写的景象与强烈的节奏，让凡读此诗者，都无法忘怀。久而久之，传诵下来，耳熟能详的，就只有前四句了。而远处的芳草绵延伸向古道，翠绿的草色连接着荒城。在此又送他乡游子远去，萋萋的芳草也充满别情。白居易笔锋自然一转，以萋萋芳草，尽述离别之情。

独在异乡的这段时间，白居易每当寂寞难耐，总会想念家中儿时的伙伴和自己的手足兄弟。

在此地，白居易也结识了几位亲如手足的兄弟，符离的俊杰——"符离五子"刘翕习、张仲素、张美退、贾握中、贾沉犀。他们曾在学业上激励共勉，先后考取了功名；也在闲暇时，泛舟同游，作诗吟对，共赏楚山吴江之美景，让白居易孤寂的心找到了一丝安慰。

梦醉江南，笑看清风

乱世出奇才，时势造英雄。白居易成长的时期，虽然已是"安史之乱"逐渐平息的时期，但这或许只是暴风雨之前的短暂平静。

随着藩镇割据愈演愈烈，利欲熏心的首领们名义上俯首称臣，实则暗通款曲，在满足自己日益膨胀的利益之时，也在努力扩大着自己的实力。在当时的社会状态下，藩臣的势力范围早已超出了天子的管辖，加之吐蕃的入侵，边境的不安，可以说已让本就内忧外患的朝廷变得不堪一击。

白居易此时所在的徐州，本就是易攻难守之地，徐州归顺朝廷后，局部战争虽有停歇，但两河用兵仍然猛烈。两河沿岸的居民，苦不堪言。当时的白家，虽不是显赫的大家族，但也世代为官，在各地担任着七品以上的官职。为了家族命脉的延续，为了子孙后代的安全，白家人分别将孩子们送往战火尚未蔓延至的地方避难。在父亲的安排下，白居易又被迫离开了徐州符离埇口，独走江南（今浙江绍兴）。

但能心静即身凉 白居易诗传

此去一别，遥遥无期，无情的战争不知何时能够停止，也不知将使家人们的命运发生怎样的转变。自此以后，孤独与寂寥注定长伴白居易左右。少不更事的白居易此刻辗转反侧，惆怅不已。

不久，白居易又遇见了新的风景。

江南好，风景旧曾谙。日出江花红胜火，春来江水绿如蓝。能不忆江南？

江南，是千古人心中一处温软的梦境，无不心生向往。江南，自古以来就带着别样风情，如油墨画卷，徐徐地展开。不仅仅是那火红的江花，还有一幅江南烟雨夜，一座精致的拱桥，一条潺潺流淌的小溪，一湖碧玉般的清水，一个萧素的孤影，一把琵琶颤抖着伤心的弦……每一处风景，都是绝美的画卷。

白居易寥寥几字，已摄尽令人魂牵梦萦、流连忘返的江南春景的种种特色。可见江南在白居易心中已烙下深深的印记，这并不是白居易避劳就逸在旅途中的一番感受，而是自幼独自漂泊于江南的他，用自己独特的人生经历，描绘着江南别致的景色。生命辗转，他又将行向江南。

江南的温山软水，始终拉扯着他生命的故事。来去辗转，他只能依随着命运的车轮前行。

由于叔父及兄长都在江南为官，因此，南下之路无论是从经济上还是生活上，都未曾让白居易有半点苦恼。只是他仍然无法忘却刚刚熟稔的符离。舍不得曾伴他长大的慈母和弟妹，也放不下那里的忘年之交"符离五子"，和给他留下无限美好的流沟寺。

白居易回想起初到符离时，对新郑的恋恋不舍让他对这个陌生的地方毫无好感。虽然这里不是养育他的故乡，但却伴着他成长的脚步，因而有了不同的感情。离别的滋味总是相似的，不堪回首。

白居易同样也没有想到，这一别，竟是近十年之久。十年足够让他缅怀这里的一切。十年，一个生命的跨度。对一个垂暮的老人来说，十年很长，长到他们不敢期盼十年后的今天，太阳还会不会照常升起。十年又很短，对一个呱呱坠地的婴儿来说，只是从牙牙学语变成了出口成章。可这对一个漂泊异乡的少年来说，却是一次又一次人生的历练和无数次的长夜独眠，以及无穷无尽的悲哀与泪水。

白居易独自在江南漂泊的那段日子，最渴望的莫过于从他人口中或书信中得知家中的近况。那种"烽火连三月，家书抵万金"的焦急心情，恐怕只有此刻的他最能感同身受了。

每一封书信，不仅是对他孤寂心灵的一种慰藉，也是对于这遥遥无期的漂泊的一种无穷动力。还记得那次他从书信中得知母亲不久前诞下幼弟，取名"幼美"，小名"金刚奴"。

年少的白居易得知自己多了一个弟弟，喜出望外。放下书信，却又对幼弟的名字非常感兴趣，他立即翻阅了古典书籍，查找此名的来历。书中记载，"金刚"乃佛教用语。本指佛国中从事护法的卫士，梵文中又名"缚日罗"，原指神话中的武器，现在比喻身材巨大而有力，能够摧毁一切。而"奴"字指的是男孩。

白居易对这个名字尤为好奇，又对这个素未谋面的弟弟万分思念。他很想立刻回到家乡去看看这个身强体壮的孩子，但由于战火连绵不断，对他来说，北上的路途是遥远的，又多阻碍，年少的他不可能独自走完这段归家的路途。加上手中的银两不足，自己又体弱多病，因此这个回家的想法虽一次次地在他的脑海中萌生，却未曾实现过。

每逢月圆之夜，白居易只得对着同样孤苦寒冷的月光，抒发自己抑郁的情感。将情感写进诗作，已成为他的一种习惯，在这一字一句间，有他的真情所在。

除夜寄弟妹

感时思弟妹，不寐百忧生。

万里经年别，孤灯此夜情。

病容非旧日，归思逼新正。

早晚重欢会，羁离各长成。

一个"寄"字诉尽了千言万语，虽然心中有很多的话要说，却因分隔两地无法诉说，只好借此诗抒发一下自己的感情。

时光在空间中不断地变换着它的脚步。白居易也在默默地走过自己的人生之路，没有亲人的陪伴，踽踽独行才显得刻骨铭心。他别无他法，只得在这江南美景中寄托寂寥。

江南以其独特的姿态吸引着世人，或因少女般的妩媚娇嗔，让人魂牵梦萦，也因独有的恬静淡雅而让人如痴如醉。江南，两个字读起来便会感觉到温软的山水味道。江南里，自然少不了各色美丽的故事。在文人墨客的笔下，它曾有"南朝四百八十寺，多少楼台烟雨中"的沧桑与扑朔迷离之美，也有"暮春三月，江南草长，杂花生树，群莺乱飞"的生机勃勃、欣欣向荣之美。

花开在梦里，幽幽清风，波动流水，淡墨宣纸，画中青竹绿秀，楼阁层叠，徽府风韵，然而谁在楼中梦？这般的江南，让战争都不忍侵蚀它的美好。

当时的苏、杭两大地区未经战乱，仍然一派宁静祥和、繁华富庶的景象。独自一人漂泊至此的白居易，起初也一定曾为此处的美景所倾倒。江南的美景留给白居易的不只是美好，更是触景生情而引发的思乡之情。自己也曾有一个山清水秀的家乡，也曾花团锦簇、鸟语花香，也曾青山绿水、千岩竞秀，也曾有山阴古道、云蒸霞蔚。

故乡承载着自己的童年与梦想，故乡更有自己思念的骨肉亲情。如今自己独自在这富庶繁华之地漂泊。看着身边一片父慈子孝、兄友弟恭的和谐景象，白居易不禁愁绪涌上心来，他思念兄弟姐妹的情绪呼之欲出。

他原本有一个温馨的家庭，他原本可以在温软的时光里度过美好幸福的人生。但是，好梦却被严重的战乱搅黄，让家业荒废，兄弟姐妹不得不四处避乱，在孤独承受羁旅之苦的同时，还要独自品尝天各一方的骨肉分离之情。

但能心静即身凉 白居易诗传

年少的白居易此刻仅剩落寞与孤寂，也许他不曾想过，这不只是他一个人独有的感受，在他独自垂泪思乡的同时，世间还有无数正在经历此番痛苦的人。所以说，白居易并不是孤独的，这也并不是一个人的漂泊。

白居易在独自漂泊江南的几年间，独览了江南美景，独尝了人间苦乐，在孤独中体味成长，似乎有一夜长大的感觉。

幼年时温馨的家庭画面还历历在目，母亲的叮咛、父亲的教诲、兄弟姐妹的关怀，声声回响在耳边。这种异乡漂泊的生活体验，或许是命运为他安排的精彩一课，为他今后的创作历程开阔了视野，增添了浓墨重彩的一笔。

这段江南漂泊的历程也是白居易一生中不得不提及的重要部分。一个历经坎坷的人，定然会以丰富的人生阅历书写更加精彩的人生，不经历风雨怎能见彩虹，破茧成蝶的故事也在警示着我们，现在的苦难并不能代表永久，此刻的寂寥也能让我们感恩曾经的生活，珍惜眼前的现在。旅居江南让白居易更加接近下层人民，为他那些流芳百世的佳作提供了素材，酝酿了真情实感。

在江南漂泊的日子里，白居易无时无刻不感时伤事，无时无刻不思念自己的故乡及亲人。作为儿女，他会为母亲的安危、父亲的仕途担忧；作为弟弟，他思念远方的兄长，然后置身于天地间；作为一个渺小的少年，他也曾为家乡的战乱、国家的安危思虑过。

生活的落寞并未让他从此丧失斗志，迷失方向，放弃理想，而是微笑着将痛苦化作至今仍朗朗上口的诗作。

此刻的愁苦，久久无法排解，只能将思念寄托在这山清水秀的江南美景之间。

古往今来，文人墨客都与江南有着不解之缘，无论是王安石的"春风又绿江南岸，明月何时照我还"的急切归乡之情，还是韦庄的"人人尽说江南好，游人只合江南老"，"未老莫还乡，还乡须断肠"的似直而迂、似达而郁的思乡之情。

江南早已成了诗人笔下那个梦幻的天堂，朦胧而婉约地浮现在读者的脑海中。我们常说多情的江南，大抵也是因为诗人们常常纵情江南，将心中的满腔愁苦诉诸此地，为江南再添一分迷离与神秘。

少年时期的白居易，独自带着愁苦在江南漂泊，这只是他江南情缘的一个序幕。一生三段江南情缘，留下了才华与美景碰撞的诗篇，诉不尽，道不完……

千里迢迢的路途，翻山越岭，漂洋过海。依旧有沉重的现实要去面对和承受。所有的感情都会逐渐地平静和被淡忘。可是这一刻，相近的灵魂在一起。

第二章

寒窗独耐水脱鳞

初入长安，居之不易

　　风雨飘摇的年代，几经浮沉的人生注定是辉煌与挫败的交织。硝烟弥漫的年代，谁又敢直言自己的未来是怎样的。十六岁的白居易此时的心中似乎正翻涌着阵阵波涛，将他本来孤寂平静的心霎时搅乱。生于乱世的他，学会了在一次次的绝望中挣扎，又在希望中守候这粲然流年。

　　他只身漂泊江南数年，身陷江南美景，春风化雨却没有带走自己心中的一份思念。或者说，这些年，江南的美景并没有填补他内心的空白，却让他领略了作为一个漂泊者身处异乡的那份痛苦。

　　朝夕与美景相伴，纵情山水之间，让他对自己的归途与人生的出路深感迷茫。连年的战火纷飞，让这个本就身体状况不佳又无依无靠的穷苦书生，不敢想象自己何时才能回到故乡。

　　终日处在这个安逸和谐的江南，让这个曾经天资过人，如今满腹诗书的有志青年满心惆怅，自己的家庭虽世代为官，但大多只是小官小吏，即使祖先都是满腹经纶、科举及第的能人异士，却最终没有给他们如今身陷困苦中的后人，开辟一条捷径，他无法通过家庭的途径为自己在朝中谋得一官半职。

白居易还是要靠自己的拼搏与奋斗，日夜苦读，参加科举考试。这恐怕是他唯一的出路。纵使人生总是有很多选择，但当一个人徘徊在十字路口的时候，现实的窘境，才会让人真切地感受到选择是一件多么困难、多么残忍的事。因为选择就注定着要有所舍弃，我们一旦选择了，就注定要放弃一些东西，命运会为你开辟一条独一无二的路。

虽然白居易常笑言自己是被命运选中或是被命运愚弄，但却忘了这一切都曾经在掌握之中，等待抉择。科举考试为这个饱读诗书、才华横溢的少年，提供了一个展示自己的平台，点醒他的人生，让他借此被众人熟知。待到及第登科，这个考试自然也能为自己谋得一官半职，让自己顺利承担起家庭的重担，慰藉对自己寄予厚望的母亲的一份良苦用心。但自此踏上仕途，注定让他的人生发生了转变，仕途中的几番挫折，也让他对这个纷繁俗世所带来的利益争夺产生了厌恶，最后选择了怅然洒脱的避世退隐。

当初的一番宏图大志早就变得不堪一击，现实击碎了一个恍若隔世的梦，让这个梦化作自己年老时那份孑然一身避世退隐的淡泊情怀。但科举考试，终究是漫长而又困苦的，他何尝不想寻找一条捷径，希望通过一些赏识他才华的达官贵人的推荐，而顺利走向仕途。

当白居易心怀理想站在这片土地上的时候，他早就准备将满腔的热血寄予在这片土地之上。这里不仅聚集着无数达官贵人，而且也是个群英荟萃的地方。他期待着在这里能有所作为，终有一天会有人赏识他的才华，为他推荐个一官半职，这样他便可以完成自己"兼济天下"的理想。

孤独的少年踏上了为理想而拼搏的征程，他要与这醉人的美景作别，感谢这里曾用梦幻般的美景迎接一个异乡人的到来，感谢这里的一山一水都曾带给他心灵的抚慰。为了家庭与理想，此时的他只能挥别这个城市，独自奔向那个已经在他理想道路上闪光的大都市——长安。

如果说江南曾用它独有的娇柔之美抚慰了游子那颗孤寂的心，那么京城长安就用自己的雍容华贵、放肆外露之美填补了白居易空白的人生，为他填充了无限的希望。

理想华丽丰满，现实却是如此冰冷骨感。虽然淮西的战事停了下来，让他顺利抵达了长安，但这里与江南那种平淡优雅的感觉大相径庭。作为唐朝的国都，一个世界性的大都市，各国的奇珍异宝都曾在这里展出过。

初到此地的白居易，也瞬时被人声鼎沸、富丽繁华的长安城吸引。这里商业往来频繁，各国的珍品、丝绸、玉器，甚至是食物，都成了唾手可得的交易产品。这座城市作为国都，自然少不了那与生俱来的贵族气质，让人为之瞠目的还有错落有致的亭台楼阁，富丽堂皇的楼宇更昭示着作为国都的那份荣耀。大街小巷的叫卖

但能心静即身凉 白居易诗传

声不绝于耳，熙熙攘攘的人群更为这个城市增添了几分朝气，这是一份无关品格的生活态度。集市上的珍品不胜枚举，体现了唐朝兼容并蓄的气质。

这种繁华的美，白居易从未感受过。琳琅满目的商品和这座城市的活力，都让他对此行充满了信心。他用眼睛感受着这五光十色的世界，用心去倾听着这繁华背后的那份静谧与从容。他心中的希望之火，又重新燃起。

只有他，一个人走在这人来人往的大街上，有时候停下来看看，那是一种闹市之中的孤独，因为一切的热闹都与自己无关，他仿佛只是这热闹中的局外人。

白居易并未忘却自己来到此地的初衷，他只是稍作调整，待旅途的疲惫尽消，他便带着自己的诗作，怀揣着那份激动和忐忑去拜见在此地久负盛名的诗人顾况。

顾况是唐代有名的画家、诗人、鉴赏家。唐肃宗至德二年（757年），他及第登进士科；唐德宗贞元二年（786年）经过宰相李泌的引荐，入朝任著作佐郎，至此声名大噪。前去拜访他的人络绎不绝，但却鲜有作品得到他的认可与赞扬。

年少的白居易带着几分天真与犹豫，来到了顾况的府中。他此次前来，一方面，希望能够得到顾况的赞许与赏识，帮助自己踏上仕途；另一方面，为了与名人大家一起探讨作诗的学问，希望能够从中学到一些知识。

初见，总是令人印象深刻的。顾况第一次见到这个略显青涩的脸庞，心中有些不屑。他手握白居易的作品，吸引他的并不是这首诗，而是祖父白锽为其取的那个名字——居易。于是，顾况略带嘲笑的口吻说："长安米贵，居大不易。"

白居易在一旁默不作声，只是静待顾况看完自己的作品，顾况说着便细细品读起那首被誉为白居易的成名作，而今家喻户晓的《赋得古原草送别》。顾况品读之时，自然被诗中小草坚韧不拔的形象与其顽强的生命力所震撼。纵使野火焚身，也不曾连根拔起，一袭春风过后，定能体会重生的快乐。前几句豪放励志，后文则用宁静淡雅的语调来为友人送别。读此诗时，情感自然流露，情景自然浮现，情感自然交织。

顾况对白居易的喜爱之情油然而生，赞道："有才如此，居亦易也。"白居易的首次亮相非常成功，顾况身边的朋友也开始知道这个年轻人，才华横溢，以后前途不可限量。

此后，这首成名作便流传开来，受到顾况称赞的白居易也很快被街头巷尾所熟知。而白居易的才华很快便在《王昭君二首》再次为人所知。

其一

满面胡沙满鬓风，眉销残黛脸销红。

愁苦辛勤憔悴尽，如今却似画图中。

其二

汉使却回凭寄语，黄金何日赎蛾眉？

君王若问妾颜色，莫道不如宫里时。

人们开始慨叹白居易的才华，长安城一夜之间掀起了一股传抄的热潮。

不仅如此，据说当年长安六月酷热难耐，冰块最为消暑，极其宝贵。当时白居易居然可以收到整筐的冰块，人们对白居易的喜爱之情溢于言表。

一帆风顺似乎并不适合这个过早成熟的少年，这个繁华的都市很快又带给白居易无限的烦恼与压力。拮据的经济条件，让他很快感觉到生活的不易。日日在艰苦的条件下用功学习，也让他感到力不从心。大都市对于这个贫苦的学子，真的只是一个遥不可及的梦吗？自己曾经的成功，难道也抵挡不了如今梦醒的现实吗？现实的窘迫确实让这个少年支撑不住自己渺小的愿望了。长安，或许就是顾况所说的那样"居大不易"！

来到长安的第二年，白居易深感自己身体每况愈下，于是有感而发，作了首《长安正月十五日》：

喧喧车骑帝王州，羁病无心逐胜游。

明月春风三五夜，万人行乐一人愁。

正值佳节，白居易却因病无法与大家同享这份欢乐，顿感无奈与悲凉。顽疾久久未愈以至于一场大病接踵而至，险些夺去了他的生命。

几近绝望的白居易还在病中赋了一首《病中作·时年十八》：

久为劳生事，不学摄生道。

年少已多病，此身岂堪老？

白居易感慨自己无谋生之道，却疾病缠身，理想无法付诸现实，家庭的重担何时才能挑起，只觉心中郁结难舒，羞愧难当。唯今看来，长安虽好却不是他的容身之地，因此他暂时搁浅了追逐梦想的脚步，离开了长安，回到江南。

没有绝对的高贵，也没有绝对的卑微。当心是一滴水的时候，它就作为一滴水而活着，一旦它滴入大海，它便成了海。

幼弟早夭，慈父离世

寂静的深夜，白居易却辗转难眠。窗前的月光将它明亮而孤傲的身影穿过斑驳的枝丫。月光洒向幽暗的房间，也洒向了夜不能寐的心间。那份驿动的情感此刻是否尽数卸下，如同卸下生活的压力，只带着思乡的愁绪，与明月为伴。心间的月光虽有一丝孤寒，却唯有此时的他懂得欣赏它这般的唯美。

喧闹的尘世间，谁了解白居易心中的伤悲，长夜独眠，只得与月光交换心事。月光虽寒，却带给他无限思量。人间虽暖，却无法让他敞开心扉，甚至让他不忍回首走过的苍茫岁月。白居易自幼离家漂泊，独在异乡的那段时光，让他过早地尝尽了人间冷暖，也让他无数次经历了似这般孤枕难眠的漫漫长夜。

那时的白居易或许在思念家乡，挂念亲人，或许在回味成长的苦涩。那些经历，我们虽了解，却无法切身体会。其实许多故事都是这样，我们虽明白，却不懂得。

曾经的日子如同凋零的落叶，不可能再回到原来的位置。过去的就让它过去，不要再纠缠，更不要去后悔。

按照当时的惯例，如果官员任期已满，就要被安排到其他的职位。唐德宗贞元四年（788年），白季庚离开了徐州，来到了衢州，成为大理寺少卿及衢州别驾。衢州也就是当今的浙江一带，也就是说白季庚即将南下，与儿子团聚。

白居易听闻父亲要来江南的消息，心中的忧郁与愁思顷刻间烟消云散。

那一夜，白居易失眠了。想到自己与父亲已有六年未见了，激动兴奋之情溢于言表，更有许多感慨与这些年来的见闻，都迫不及待地想要与父亲分享。

等见到父亲，却只觉得父亲比几年前多了几分沧桑，不只是因为为官的艰难，还有对家庭的思虑，他看起来，比原来更加苍老了。

父子俩有说不完的话，白居易将这几年感悟到的人生道理、目睹的人间疾苦，以及处于战乱年代，对国家政治的一些见解——向父亲娓娓道来，一抒往日的愁苦。

父亲听后，虽对儿子多年来在外漂泊所受的苦难感到痛心，但也为儿子能有今日这番见识而欣慰。小小年纪就懂得忧国忧民，将自己置身于天地间，并为自己"兼济天下"的理想誓言要奋斗终生。

随后，白居易在与父亲讨论写诗的学问的时候，拿出自己的《咏王昭君》两首呈给父亲。父亲读后非常惊讶，原来儿子的诗作已经有了如此进步。

后世有很多描写王昭君的诗句，大都赞美她绝世的美貌，还有她离开汉宫时的哀怨。白居易却是另辟蹊径看到了王昭君和亲之后的生活。

的确，在后世所作的歌咏王昭君的诗作中，也以白居易的最负盛名。宋人魏庆之说："古人作王昭君词多矣，余独爱乐天一绝，其意忧游而不迫切，然乐天赋此诗时年甚少，才十七岁。"白季庚从儿子的这两首诗中看到了儿子已将儒家思想融会贯通，懂得以淳厚仁义之心看待王昭君的历史悲剧。

父亲在衢州为官的这几年，给多年漂泊在外的白居易带来了一丝安慰与温暖，也给他带来了经济上的支持，帮助他在江南多个城市游历，体会下层百姓的疾苦，欣赏各地美景，也为他写诗带来了素材与灵感。一边学习一边游历的生活对他来说是充实而满足的。

唐德宗贞元七年（791年），父亲在衢州的任期已满，由于还不知道自己下一步的去向，父亲决定利用这段时间，北上回到符离的家中，看望家人。

提及家人，白居易便想到千里之外的符离有多年未见的慈母，她是否已双鬓斑白。曾经温柔抚摩过自己的双手，是否已经布满老茧，慈祥的面容是否也已经刻画上了岁月的痕迹。这些都曾是白居易日日在脑海中回荡的问题。这些年，父亲在外为官，自己作为家中的长子，独自在外漂泊，没有为母亲分担任何的生活压力，母亲一个人辛苦地拉扯着弟弟妹妹们。离开符离的时候，弟弟白行简只有五岁。如今，幼弟金刚奴已经有六七岁了，该是个大孩子了吧！

白居易与父亲一同回到符离的家中，白居易见到容颜渐衰的母亲，激动得潸然泪下，多年来的思念、悲伤，此刻都化作无语的泪滴，顺着脸颊静静淌下，灼伤他的心。

回到符离的这几天，白居易经常与母亲讲述这些年来自己在外的那些经历，并且告诉母亲，自己已将科举考试作为自己人生的出路。母亲听后，自然为儿子的理想而欣慰，同时对儿子这些年所遭受的痛苦感到无奈、心痛。

自幼离开家的孩子，就好似坠落凡间的天使少了上天的庇佑，只得自己摸爬滚打。可爱的弟弟妹妹也常围绕在他身旁，听他讲述这一路上的趣事。白居易也终于见到了日思夜想的小弟金刚奴，他看到弟弟眉眼之间透露的孩童的天真可爱，仿佛看到了小时候的自己，同样拥有母亲的关怀、兄长的呵护。但他不想让自己的弟弟在这个战乱时期与自己有相同的遭遇。

为了这个家，白居易决心努力改变现状。他在符离每日读书，后来在描述这段苦学的经历时，他说："二十已来，昼课赋，夜课书，间又课诗，不遑寝息矣。以至于口舌成疮，手肘成胝。"

白居易刻苦努力的程度自不必多说，母亲看着儿子为自己的理想付诸辛苦而日益消瘦的脸庞，每况愈下的身体，不禁一阵心酸。但她也理解，书山有路勤为径，学海无涯苦作舟，一分耕耘才会有一分收获。想到这些，心疼儿子的母亲只有默默地在心中为儿子加油，尽自己最大的努力照料好儿子的起居生活，让他能够安心读书。

母亲也时常劝导他出去走走，让山间景色放松他的身心，与儿时的玩伴一起切磋学问，共同勉励。白居易与"符离五子"属于忘年之交，他们之间年龄差距较大，但在理想上却有共识，《醉后走笔酬刘五主簿长句之赠兼简张大贾二十四先辈昆季》记叙的就是白居易与刘五的往年之交：

刘兄文高行孤立，十五年前名翕习。是时相遇在符离，我年二十君三十。得意忘年心迹亲，寓居同县日知闻。衡门寂寞朝寻我，古寺萧条暮访君。朝来暮去多携手，穷巷贫居何所有。秋灯夜写联句诗，春雪朝倾暖寒酒。陴湖绿爱白鸥飞，濉水清怜红鲤肥。偶语闲攀芳树立，相扶醉踏落花归。张贾弟兄同里巷，乘闲数数来相访，雨天连宿草堂中，月夜徐行石桥上。我年渐长忽自惊，镜中冉冉髭须生。心长后时同励志，身牵前事各求名。问我栖栖何所适，乡人荐为鹿鸣客。二千里别谢交游，三十韵诗慰行役。出门可怜唯一身，敝裘瘦马入咸秦。冬冬街鼓红尘暗，晚到长安无主人。二贾二张与余弟，驱车逦迤来相继。操词握赋为干戈，锋锐森然胜气多。齐入文场同苦战，五人十载九登科。

《醉后走笔酬刘五主簿长句之赠兼简张大贾二十四先辈昆季》(节选)

连日的苦读让白居易更加期盼有朝一日能上考场，实现自己的理想。他明知朝廷日益腐败，对官场上的争斗也略知一二，但踏上仕途，却是唯一的出路。这位满腔热血的男儿，也只有踏上仕途，才有可能在这个黑暗的社会中拯救苦难的百姓。

唐德宗贞元八年（792 年），父亲白季庚接到了朝廷的调令，去襄阳上任了。白居易不舍地送别了父亲之后，家中只剩下母亲和弟妹与自己为伴。

这样的生活也算和美，田间小路，炊烟袅袅，几个孩子在庭院中嬉戏打闹，慈祥的母亲有条不紊地操持着家务，白居易也可以安然地在书海中徜徉，享受着久未品尝过的家庭温暖。

美好的时光总是稍纵即逝，转眼间，父亲已经调任襄阳半年了。白居易本以为生活还将这样平静地上演，但命运就是这样弄人，戏剧性的变化再次上演，小弟金刚奴突然身染重病，母亲急忙让白居易去徐州请大夫，但为时已晚，无力回天。

小弟金刚奴最终还是闭上了眼睛，母亲无法接受孩子突然离世的事实，曾经围绕左右、嬉戏玩耍的孩子如今却冰冷地躺在自己怀中，母子连心，简直是锥心之痛。作为生养他的母亲，已经不能仅用心碎来形容了。

小弟金刚奴离去后，母亲日益憔悴，精神日渐恍惚。她常常感觉儿子并未离开自己，看着儿子曾经的玩具、读过的书籍，总不免触景伤情。

生命就是如此变幻无常，昔日还笑容满面，今日却要永远分离。生死只是一瞬间，无法预测，更无法改变。

白居易常常慨叹生命的无常与不公，一个还未在这苦难人间站稳脚跟的孩子，怎能不被上天怜悯，偏要夺取他美好的生命。自己与小弟的那份兄弟情，也随着二十二年后的那篇《祭小弟文》而为世人所知。

远在襄阳的父亲，得知了金刚奴夭折后家中的情况，便安排白居易母子到襄阳与自己同住，一来可以通过环境转换一下心情，不至于每日触景伤情。二来自己年岁已大，也需要家人的照顾。

不出几日，白居易与母亲便到了襄阳。襄阳这座历史名城所具有的文化魅力再次震撼了白居易，他的生命便是在这一次又一次的跌宕起伏间，越发饱满。

唐德宗贞元十年（794 年），在白居易坎坷的一生中，又掀起了一场狂风骤雨。这一事件在白居易的生命里留下了无法言说的悲痛，刻下了此生无法抹平的创伤。

这年五月，虽是春风和煦，杨柳依依，一家人的生活过得平淡而安稳。但生活却注定要在平淡中上演变故，为这个本就命途多舛的少年，再添一分哀伤。又好似那压死骆驼的最后一根稻草，给这个支离破碎的家深深一击。

父亲白季庚的身体每况愈下，这个曾经浴血奋战保卫徐州的热血勇士，再也经受不住病痛的折磨，悄然闭上了双眼，结束了自己虽平凡但不失光彩的一生。看着父亲就这样离开了自己，白居易悲痛欲绝。曾经与父亲彻夜交谈的场景还历历在目，父亲带给自己的，不仅是书本中的知识，还有许多人生中的哲理。

如今阴阳两隔，与父亲的分离，是此生最难割舍之痛。父亲突然离世，让白居易本来安逸的生活突生变故，为他暂时安稳的时光再添悲伤，让他漂泊坎坷的一生再陷迷茫。

白季庚一生为官清廉，因此并未给家中留下太多积蓄，加之常年躲避战乱饥荒，几次举家迁移已经让家中积蓄所剩无几。想到自己与母亲今后的生活，白居易原本痛苦的心中更增添了一分惆怅。

此刻的白居易，甚至没有足够的钱来安葬父亲，想到要让曾经尊重敬爱的父亲独自留在这异乡，死后无法安眠，孝顺的白居易非常痛苦。

白居易第一次感到了人生是如此挫败，想想自己自幼虽天资过人，满腹诗书，才华横溢，如今却没有能力安葬父亲，不能支撑起家中的生活。作为一个男人，白居易此刻正为自己庸碌的生活而悔恨愧疚。

他恨，恨这乱世纷争，战火不息，也恨自己无能。现实的残酷让白居易瞬间成熟，他拭干了自己眼角的泪珠，带着万般无奈，与母亲和兄弟几人离开了襄阳，而独将父亲的灵柩留在了这荒凉的异乡，不禁让人唏嘘不已。

狂风在荒野古道间嘶吼，似在为离人送别，又像是为这世界伤心难过。此时正值冬季，犀利的北风似尖刀一般，直插人们心底，击碎那曾经留在心间的点点美好。树木枯败，干枯的枝丫此刻正放肆地随着狂风乱舞，耗尽生命的最后一丝力气。

一路上，母亲早已哭干了眼泪，只是用那枯槁而干涸的双眼痴痴地望着走过的路，不曾言语，也看不到希望。刚刚经历了丧子之痛，紧接着又经历了丧夫之痛，对一个女人来说何尝不是人生中最大的悲剧。失去了孩子后，本想到此地与丈夫团聚，以此来排解心中之苦，却不曾想命运总是一再地捉弄这个不幸女人，厄运再次降临到这个女人身上。

十八岁产下白居易的陈氏，在短短三十余载的年华中，已饱尝人间苦难，苍白憔悴的脸上写满了悲伤。丈夫猝然离世，她为丧夫之痛扼腕叹息，也为自己的命运是如此悲惨而无话可说。如果说她的生命中还有一团希望之火没有熄灭，那一定是因为日渐成熟的白居易能够带给万念俱灰的母亲无尽的安慰。让她能在痛苦中顽强地挣扎着，在黑暗中点亮生活下去的希望。

她空洞的眼神中流露出无尽的哀伤，回首自己走过的路，年少时不幸的生活给她留下的阴影已在产下白居易后一扫而尽。命运留给她的似乎只有昙花一现般的短暂美好，儿子与丈夫的相继离世，又让她的生活跌入了万丈深渊。绝望的她只想尽快回到那个曾带给她欢笑的符离家中，让她温存在往昔的美好之中，逃离现实的苦难。

　　白居易虽然也因父亲的辞世备受打击，但为了母亲，他还是尽力掩饰自己的哀伤。他知道今后家庭的重担将落到他的身上。他不敢想象在这样的战乱年代，没有了父亲这个支柱，自己将如何面对生活的窘境。他不得不正视自己的生活，为自己今后的人生做打算。

　　按照唐朝当时的惯例，父亲去世，家中的儿子要丁忧守丧，不得外出谋生。丁忧，是古代官员的父母死去之后，无论任何官职，从得知丧事的那一天起，都要回到祖籍守制二十七个月。这样一来，更切断了家中的经济来源。新郑的家中虽然还有一些土地，但那是祖先留下的，万万不能出售，白居易就这样带着无限的愁苦与烦恼，向符离的家中行进着。

　　途经江陵的时候，他不得已与兄弟分别。经历了丧父之痛，此刻再与兄弟别离，定是另一番心酸。经历了沉痛打击的白居易无力再叙离别之事，只将千言万语化作诗句，希望此诗载着满满的祝福，保佑兄弟在异乡能够平安幸福。

> 岐路南将北，离忧弟与兄。
>
> 关河千里别，风雪一身行。
>
> 夕宿劳乡梦，晨装惨旅情。

家贫忧后事，日短念前程。

烟雁翻寒渚，霜乌聚古城。

谁怜陟冈者，西楚望南荆。

一首饱含离愁别绪的《自江陵之徐州路上寄兄弟》，象征着骨肉兄弟，从此分离，不知何日再能相见，相见时难别亦难。

白居易在痛苦中与兄弟分别，陪着母亲踏上回家的路。一路上，母子互相安慰，一个眼神、一句问候，都给了彼此莫大的勇气，让他们冰冷的心渐渐融化。

回到符离的家中后，白居易开始了丁忧的生活。白居易回到这个似曾相识的地方，已是物是人非。

回想起年少时初到此地，从寂寞孤单开始，到纵情山水而敞开心扉，与当地的"符离五子"结下了深厚的友谊。曾经的少年们，一起游园泛舟，赏景吟诗，好友间也时常相互勉励，共叙人生理想。而如今，正值冬季，四周景物凋敝，凄惨之情尽在一山一水间表露无遗，"符离五子"也早已各奔东西，或及第中举，或小有名气。只有自己，还是一事无成。

白居易心中的苦闷无法排解，也无人能倾诉，他想对母亲说，却欲言又止。他不想经历了重大打击的母亲再为自己担忧。他开始封闭自己，日夜苦读，只为有朝一日能考取功名，改变现状。他身上既担负着家族的使命，也寄予了母亲全部的希望，心中倍感压力。

忧郁的白居易常常独自漫步，思考着自己的人生，排遣着心中的苦闷。不知不觉间，他走到了河边，看着汴河河水顺流而下，绵延不绝地流向远方。他多希望这河水能带着愁苦和生活的压力驶离自己心中，回到无尽的大海。

但能心静即身凉 白居易诗传

月冷霜凝，伊人入梦

丁忧的生活，让白居易又一次感受到了初到此地时的那种孤独，儿时的伙伴已各奔东西，但却有一人在此时走进了他的生活，走入了他的心扉。

白居易的那一段刻骨铭心却被世俗阻碍的感情，最终随诗篇被埋葬在了这浩渺苍穹。自己纵然有美好的愿望，终究逃不过宿命的安排，挣不脱世俗的枷锁，只留下悲伤与失望。

蜿蜒的河水带不走些许愁思，滔滔江水旁，曾有一女子日夜翘首企盼，凭栏叹息，倚柱而望。江水恢宏的气势也无法掩盖女子的一声轻叹，她仰天而望，泪水早已模糊了双眼。斑斑泪痕深深镌刻在女子清秀的脸上，心中无限的思恋或许将永远被禁锢在这群山峻岭之中。她愁苦的形象好似被定格在这清冷的渡口，娓娓道来那首白居易为她谱写的《长相思·汴水流》。

汴水流，泗水流，流到瓜洲古渡头。吴山点点愁。

思悠悠，恨悠悠，恨到归时方始休。月明人倚楼。

一曲《长相思》却并没有换来一世的长相守，白居易这段昔日的爱恋，最终只有悔恨常伴其左右。

潇湘女子，心灵性巧。用这些词形容这位与白居易青梅竹马，自幼结下良好情谊的湘灵姑娘再恰当不过了。在白居易孤独的童年，她曾是年幼的白居易心灵上的伴侣、生活中的知己。两人之间似乎总有说不完的话、诉不尽的情。两个年幼的孩子纯真的心中早就对彼此产生了一份割舍不掉的依赖，长久以来，这种依赖渐渐成了一种习惯。

自幼活泼可爱的湘灵总是以自己的这种快乐感染着白居易，让他从封闭的世界中走出来，开始快乐地生活。

再次回到符离，再见湘灵，心中的感觉已不是那份久别重逢后的喜悦，而是此时此刻能找到一个理解自己，能找到一味为自己排解郁闷的良药。

此时的湘灵已经是一名十五岁的妙龄女子，一双水汪汪的大眼睛闪动着灵动的光，果真不负此名。如今的她虽少了儿时的活泼好动，却增添了几分温婉娴静，举止间流露出的那份端庄优雅也让人痴迷。

白居易看着眼前的这个女子，心中不禁泛起涟漪，他为这个女子姣好的容貌所倾倒，也为她举手投足间的那份优雅与迷人而触动。

生命是一场又一场的相遇和离别，是一次又一次的遗忘和开始，可总有些事，一旦发生，就会留下印迹；总有一个人，一旦来过，就无法忘记。他没有想到自己与湘灵今日的一面，竟让他展开了一生中那段长达几十年的爱恋。任岁月褪去专属于它的那份华丽色彩，这份感情也褪去了曾经的激情，随时光出落得平淡无奇，但其中的那份相互理解与信念，从未离去。

在符离丁忧的这三年里，他与湘灵从儿时朝夕相处的玩伴，变成了互换心事的挚友，再到后来，这份友谊也逐渐转变成男女之间那萌动的爱情。

那一年，白居易十九岁，与比他小四岁的湘灵开始了一段让他们彼此一生都难忘的感情。他不曾后悔他用一生守候的这段痴恋，因为他爱的是那个名叫湘灵的女子。

初恋是爱情世界里最美的故事，是两个人为追求精神上的相近而共有的那份感觉。初恋是那份淡淡的爱，爱就是那份深深的喜欢。每个人的初恋都是苦涩而朦胧的，意犹未尽，却又无从说起。

湘灵就是白居易的初恋。

湘灵出生于一户农家，其父母以务农为生，生活也算富足和谐。自幼活泼可爱的湘灵虽没有机会学习什么知识，但却略懂音律，又善解人意。在白居易孤苦落寞的时候，她能够主动宽慰他寂寥的心，用自己热情积极的生活态度感染他、影响他。

白居易也时常教湘灵识字习文、赋诗，两人因此日久生情。

湘灵由于略懂音律，又可以在白居易赏景吟诗的同时，在一旁谱曲而唱。爱情也和情歌一样，最高的境界是余音袅袅。他们或许曾在星空下许下诺言，共同畅想日后美好的生活。

白居易日复一日地苦读，也因湘灵越发有了动力。他单纯地以为，自己有朝一日科考及第，就可以与自己心爱的女子共度人生的美好生活。他到时也可以担起家庭的重担，不负先祖的重托。

所有的一切只是他与湘灵的美好愿望罢了，现实的压力根本不允许他们结合。白居易与湘灵的这段初恋，最终被白居易的母亲无情地扼杀了。

白居易的母亲以门第的观念残忍地将白居易与湘灵分开了。"父母之命，媒妁之言"在古代的婚姻中占有不可颠覆的地位，如果父母不同意，这桩婚姻根本无从谈起。白居易的不幸，是当时的封建社会制度造成的，他那刻骨铭心的爱恋只是封建思想下的一个牺牲品。

门阀观念极重的母亲坚决不允许这种门不当户不对的两个人结合在一起。其实不止母亲一人，社会的舆论也会对这段感情产生不可磨灭的影响，甚至对白居易今后的仕途也会产生深远的影响。

转眼间，白居易二十七岁了，他已经成长为一个顶天立地的男子汉，他不得不承担一些男子汉的责任。为了家庭和生活，白居易去江南投奔自己的叔父，渴望找寻一条出路。

生命辗转漂浮，新的旅途里塞满了旧的愁思。鸥鹭徘徊，似在寻找他易逝的容颜，鸟鸣声声，惊碎他的孤眠，花香依旧，酒浓如昨，只是这一帘风月，再难进入他的幽梦，再难进入他的醉眼。

但能心静即身凉 白居易诗传

唐德宗贞元十四年（798年）年初，白居易就这样不断地在向往与回忆里奔波。一路上，白居易一直回忆着与湘灵相处的点点滴滴。仿佛那山川河流里，那明媚的阳光里，处处都闪着她的笑容。她的笑容，蛊惑了他的心，迷了他的眼。

风，轻轻舞动薄衫，吹起书案凌乱的纸页，屋内骤起一片清冷的决然。此刻，思念印在窗棂上，又被风吹成凌乱的碎片，向着她的方向飞去……

为了纪念这段感情，白居易赋诗三首：

寄湘灵

泪眼凌寒冻不流，每经高处即回头。

遥知别后西楼上，应凭栏干独自愁。

寒闺夜

夜半衾裯冷，孤眠懒未能。

笼香销尽火，巾泪滴成冰。

为惜影相伴，通宵不灭灯。

长相思·九月西

九月西风兴，月冷霜华凝。

思君秋夜长，一夜魂九升。

二月东风来，草拆花心开。

思君春日迟，一日肠九回。

妾住洛桥北，君住洛桥南。

十五即相识，今年二十三。

有如女萝草，生在松之侧。

蔓短枝苦高，萦回上不得。

人言人有愿，愿至天必成。

愿作远方兽，步步比肩行。

愿作深山木，枝枝连理生。

白居易的诗，字字都渗着化不开的浓情，纵然是千百年的光阴过后，依然醇香。

真挚的白居易不肯放弃这段感情，母亲却苦苦相逼。为了不让自己背上不孝的骂名，白居易还是顺从了母亲，待到服孝期满，去参加了科举考试，暂时与自己诗中的那个《邻女》作别。

娉婷十五胜天仙，白日嫦娥旱地莲。

何处闲教鹦鹉语，碧纱窗下绣床前。

这是白居易以浓情为湘灵写下的诗篇。

湘灵的青春笑容，永久地留在了他的脑海中，在夜夜好梦里，散着幽香，伴随着他走向了科举考试的路。

然而，那潺潺的流水，再也映不出湘灵的笑脸；那阵阵的清风，再也吹不进她的心田。

伊人离去的夜晚，星辉依旧洒满长天。笙歌隐隐的岸边，唯有他长醉月前。世间所有人都只是过客，世间所有事都是过眼烟云，能够有只字片语印刻在历史的车轮上亦是一种幸运。

才华显露，初涉宦海

生命本来就是一个悲喜叠加的旅途，今日的痛苦是为了让你感恩他日的幸福，此刻的奋斗换来的是他日的成就。白居易此时是不幸的，他被迫与湘灵分别，感情上的痛苦不言而喻。但家庭的负担，更让他手足无措。

白居易短短十几年就经历了大起大落，饱尝世间冷暖。终于等到守孝期满，白居易开始思虑自己的未来。丁忧三年，日夜苦读的成果也到了展示的时刻。那段刻骨铭心的感情曾带给他锥心的疼痛，此刻也尚未痊愈。

对于封建社会所带来的阻碍，白居易也是无从抗争，因为自己就是其中的一员，这种思想早就深深地扎根于他的脑海中。命运将他安排在了白家这个世代为官的官宦世家，又恰巧让他爱上了这个在家世上跟他有着不可逾越鸿沟的湘灵。

迷茫之际，远方传来喜讯，让踌躇的他看到了些许希望。灰暗处的微光，格外闪亮。

白居易听闻长兄白幼文已官至浮梁主簿，自己若是前去投奔，既可以一叙兄弟之情，抒发心中郁结，又可以让在朝为官的长兄带领自己走上仕途，解决家中的经济困境。

据史料记载，白幼文为白季庚和前妻的孩子，在读过白居易所作《祭浮梁大兄文》《祭乌江十五兄文》之后，我们不难推算出，白幼文比白居易年长二十多岁，甚至比白居易的母亲还要年长。长兄白幼文自幼与白居易兄弟情深，虽然两人不是同母所生，但依然亲如同胞兄弟，白幼文对弟弟疼爱有加，弟弟也视白幼文为自己最敬爱的兄长。

白居易考虑再三，与其在这个令自己伤心的地方悲伤叹气，不如为了自己的理想真正做点什么，千里之行始于足下，不积跬步无以至千里。

唐德宗贞元十四年（798年）春，生命开始了新的轮回，希望在生命的裂痕里生长出新绿的芽儿。白居易作别母亲，作别人生暂时的悲伤，独自踏上南下的路，他已记不清这是第几次与家人分别，又是第几次与熟悉的土地分别。

离别是早已经习惯的旧事，虽然只是挥一挥手，说声再见，但此刻的心情确实不同以往。这里的一切，都曾充斥在他的脑海中，每当离歌响起，他又不得不割舍掉这里的一切。割舍不掉的，不是山水风景，不是符离带给他的熟悉和亲密，而是让伊人独留此地，哀伤必定日日与她相随，自己却无力改变这状况。

于是，旧伤之上，又添了新愁。江南对白居易来说，已经不算陌生，这里的景物曾让他魂牵梦萦，他独自在此漂泊了十几年，对这里的风俗人情，也有自己独特的见解。白居易甚至在此寄予了自己独有的感情，或喜或悲，都为这江南美景增添了一份历史的厚重感。

从符离到江南的这一路，一路颠簸而来，满目春景却无法冲散他内心的苦闷，看着水边的鸳鸯戏水，他再次不由自主地想起青梅竹马的湘灵，此刻却被棒打鸳鸯，劳燕分飞。往日绵绵情思，今日却成了穿心利剑，更在心头留下了难以愈合的伤痕。

劳燕分飞，美梦难续。造成这一切的，竟是养育自己的母亲，往事如浮云般在心头掠过。他不禁愁上心头，满腔的愁绪却是敢怒不敢言，最终只化成一声悲凉的叹息。虽是无奈，但也有几分理解。

自从白居易踏上这条南下之路，一路的颠簸似乎也是命运为他而设。让他本就对人生失望的心，变得更加脆弱无助。由于道路难行，崎岖的路途使白居易不得不走走停停，长途跋涉让他的身体时常感到吃不消。

白居易带着苦楚的心情，经历着更多的苦难。面对如此的境遇，白居易本来悲伤绝望的心，又悄悄地发生了微妙的变化。当初听闻喜讯的那种喜悦渐渐被浇熄，如今心中焦躁不安，满心悲凉。这种极大的反差让他独自一人时经常辗转反侧，难以安眠。梦里梦外，都是一片寂寥。

从符离出发时，家中为数不多的钱财也被花得所剩无几。满身病痛让原本就伤感的心更凄迷。满腔愁绪凝练成诗，呼之欲出，情感自然地倾泻。一首《将之饶州，江浦夜泊》浑然天成。

> 明月满深浦，愁人卧孤舟。
>
> 烦冤寝不得，夏夜长于秋。
>
> 苦乏衣食资，远为江海游。
>
> 光阴坐迟暮，乡国行阻修。
>
> 身病向鄱阳，家贫寄徐州。
>
> 前事与后事，岂堪心并忧。
>
> 忧来起长望，但见江水流。
>
> 云树霭苍苍，烟波澹悠悠。
>
> 故园迷处所，一念堪白头。

一步步走向万水千山，却一寸寸情念故园。乡愁萦绕心头，他始终难舍旧情怀。但想到远在洛阳的母亲，曾将毕生希望都寄托在他身上，还有那日夜守候在汴江旁，痴等他回来的湘灵，他就不忍陷入悲伤，就此颓废，还是要振作起来，直面命运给他的历练，只待越挫越勇。

数次停停走走间，现实的残忍再次触碰着白居易坚忍的意志。由于钱财所剩无几，加之久病缠身，他决定暂时停下脚步，去宣州看望自己很久未见的叔父白季康，让自己的人生暂时有个安稳

但能心静即身凉 白居易诗传

的着落，然后再做打算。

　　曾祖父白温共有六个儿子，但在白居易的记忆中只留下祖父白锽和官至录事参军的白镰，而叔父白季康就是白镰之子。

　　叔父白季康如今是宣州溧水县县令，看到白居易的到来，喜出望外。多年未见，他急切地想知道白家现在的情况，更想知道兄弟白季庚去世后，白居易的生活状况。

　　白居易带着满腔愁苦，向叔父诉说了自己离开新郑后的种种遭遇，也向他简述了如今家中的安排。

　　白季康从白居易的讲述中，得知了他成长的不易，命途的坎坷，也感受到了随着年龄的变化和境遇的不同。如今白居易的思想也日渐成熟，对很多时事都有自己独特的见解，是个胸怀大志的年轻人。本来自己是溧水县令，可以不费吹灰之力地安排他在县衙内工作，但他看到白居易满腔热血、满腹经纶，不想他才华埋没，况且白家还要靠他与白敏中光宗耀祖。

　　几日后，白居易调整好了身体，在叔父白季康的推荐下，参加了科举考试中最低的一级考试——乡试。

　　那时的白季康与宣州刺史崔衍交情甚好，几经疏通，让白居易在此地参加了这次考试。

　　红尘万丈，掩盖不了白居易的光芒。对才华横溢的白居易来说，最低级的乡试，当然是轻而易举地就通过了。出类拔萃的文学功底足以让他在各种考试中轻松地成为佼佼者，更何况白居易在此之前数年的寒窗苦读，更是让本来实力超群的他更胜一筹。

一个美妙而轻松的开始，使得白居易一扫之前阴霾的心情，整个人也变得乐观起来了。他的心中，闪耀着一束新的光芒。

根据当时的惯例，乡试之后要经历州试，而州试则整整比乡试晚一年。白居易只好利用这一年的时间，准备州试的考试内容。

同时，白居易也没忘记，自己此行是为了前去浮梁与自己的长兄白幼文相聚。于是，他准备暂时与叔父告别，再次踏上前行的道路。

虽不知又将遭遇怎样的变故，但路一直都在，人生还是要靠自己演绎。他很感谢叔父为他迈向仕途的第一步所做的奠基；没忘记自己穷困无奈时，来到叔父家中，叔父是怎样开解劝导他的。

这里的生活让白居易感受到了家庭的温暖、生活的安稳。但想到与他分别的母亲，此刻又是怎样的生活？"路漫漫其修远兮，吾将上下而求索。"他还是毅然地踏上去往浮梁的路。

几经辗转，白居易终于见到了儿时尊敬的大哥白幼文，虽与大哥不像儿时那般亲密，但也无君子间那种客套与疏远。他们叙家常、谈理想，对月作诗，举杯消愁。

大哥对白居易母子的生活非常关心，虽然比继母陈氏还要年长几岁，但儿时继母在家中对兄弟姐妹的悉心照顾、对家庭的无悔付出，都让白幼文看在眼里，记在心中。

几日后，白居易收到母亲从洛阳寄来的书信。都说"家书抵万金"，此刻的家书，在他眼里的确是异常珍贵。此时已经与母亲作别时隔一年，再听到母亲的音讯，心中感慨万千。

白居易感念着，一载光阴轮回，不知母亲又添了几丝白发。声声鸿雁啼鸣，能否为自己带去思念。

白居易虽然现在生活安稳，但此时的安稳却时刻提醒着他，远方的母亲是不是也像他一样，寄居在别人的家中，必定遭受了不少的非议。

伟大的母亲为了不让儿子担心，书信中只寥寥数语，表示自己一切都好，只是希望儿子能早日实现理想，考取功名，光耀门楣。母亲的隐忍，却牵扯起白居易心中更多的惦念。他知道母亲由于人生中接连的打击，精神上的压力使得她身体早就大不如前。

白居易想到这些，再无心在此处安心度日，他想赶在州试之前，回到洛阳亲戚家中看望含辛茹苦将自己带大的母亲。

白幼文看到弟弟日日思虑不已，也担心继母在亲戚家因为经济拮据而遭人嫌弃，于是让白居易带上足够的粮食和钱财，赶往洛阳。

思念让时光变得更长，白居易日夜在思念里辗转奔波。他匆匆回到洛阳，看到了日思夜想的母亲。岁月让母亲苍老，她的精神大不如前，但身体暂无大碍。在备考之余，他将空闲时间都留给了母亲。

七个月后，白居易带着对母亲的不舍，再次踏上了归程，他要回到宣州参加州试，为拓展他的仕途再次拼搏。

再次走上赶考之路，他并没有像其他考生那样兴奋、激动，而是对自己的人生早就有了美好的畅想。

此时的白居易除了对母亲的牵挂，就是独自在路上的孤苦，这份孤苦更让他慨叹路途遥远，孤身一人又看不到希望，心底的那一抹悲凉，化作泪水滴滴落下。

于是，白居易以一首《伤远行赋》记录了他的缕缕思愁。

……昔我往兮，春草始芳；今我来兮，秋风其凉。独行踽踽兮惜昼短，孤宿茕茕兮愁夜长。况太夫人抱疾而在堂，自我行役，谅夙夜而忧伤。惟母念子之心，心可测而可量。虽割慈而不言，终蕴结于中肠。曰有弟兮侍左右，固就养而无方。虽温清之靡阙，讵当我之在傍。无羽翼以轻举，羡归云之飞扬。惟昼夜与寝食之心，曷其弭忘。投山馆以寓宿，夜绵绵而未央。独展转而不寐，候东方之晨光。虽则驱征车而遵归路，犹自流乡泪之浪浪。

宣州的州试不久就紧锣密鼓地展开了，考试的试题不过是一些没有任何现实意义的文字游戏，主要考查考生的诗和赋。

这次的试题是"窗中列远岫"，要求以平声为韵，而赋题中的"射中正鹄赋"要求以"诸侯立诚众士之训"为韵，字数不得多于三百五十字。

白居易自幼在诗词方面就很有才华，对这种试题当然是游刃有余。他也因为在此次考试中所显露的才华，被宣州刺史崔衍录取，并且顺理成章地被推荐到京城参加进士考试。

按照当时的惯例，参加进士考试，要从这一年的冬季开始报名，待到礼部审核完成，考试时间一般定在第二年的春天。最美丽的季节，是金榜题名者希望的开始，也是落榜人绝望的沉沦。

白居易正想借此机会再回到洛阳，回到母亲身边备考，并将好消息与母亲分享。但这一年战火再燃，节度使叛乱并不断挑起战争。

回到洛阳的白居易也开始为漂泊四海的兄弟们担忧，虽不知何日才能相见，但希望他们在远方一切安好。

次年春节刚过，长安到处还洋溢着节日的余温，白居易却无心欣赏这长安城里繁华的胜景，他正抓紧一切时间专心备考。这将是他人生中一次重要的转折点，多年的苦读不能付诸东流。

望着窗外一片灯火通明，听着外面一片欢声笑语，他百感交集，久久不能平静。于是作了一首《长安早春旅怀》来表达自己的心情。

> 轩车歌吹喧都邑，中有一人向隅立。
>
> 夜深明月卷帘愁，日暮青山望乡泣。
>
> 风吹新绿草牙坼，雨洒轻黄柳条湿。

此生知负少年春，不展愁眉欲三十。

在歌舞欢声的深夜里，白居易却独自遣着愁情。一番命运风雨叠加，更是添了愁上愁。

唐德宗贞元十六年（800年）二月十四日，白居易终于站在了进士的考场上。这次的考题是作赋一篇《性习相近远赋》和作诗一首《玉水记方流诗》，这种无实际意义只为考试专设的考题对白居易来说是很容易的。在激烈的竞争后，他以第四名高中，为他科考的人生之路画上了圆满的句号。

朋友们举杯相聚杏园庆祝时，白居易没有一点儿激动兴奋之情，他的心牵挂着远在洛阳的母亲，他无心庆祝，只想与母亲分享此时的喜悦，于是他向同科的朋友们一一作别，赋诗一首《及第后归觐，留别诸同年》：

> 十年常苦学，一上谬成名。
>
> 擢第未为贵，贺亲方始荣。
>
> 时辈六七人，送我出帝城。
>
> 轩车动行色，丝管举离声。
>
> 得意减别恨，半酣轻远程。
>
> 翩翩马蹄疾，春日归乡情。

白居易留下这首诗后，便头也不回地扬尘而去，带着满腔的喜悦与壮志雄心消失在了去往洛阳的路上。

世事无常，人生寻常

时光的小船倏然划过，花开花落，年复一年。在经历时光辗转，经历了命运起伏后，谁人心中不会渴望一份宁静与安然。儒家思想自古以来就对中国社会的各阶层都有着深远的影响。白居易，沉醉在了那宁静悠然的袅袅梵音中。

时至今日，儒家思想也依然具有普世的意义，对世界文化及文明都有着深远的影响。儒家思想源于春秋时期的孔子，他以"仁"为核心思想，号召当时的统治者要以"仁爱"的态度对待他的臣民。孔子主持编制修订的《诗经》《尚书》《礼记》《易经》《春秋》是中国封建社会儒学的"五经"。后来逐渐成为历朝历代科举考试的主要依据。

曾经被尊为主流思想的儒家学派，也曾在风雨中变得摇摇欲坠。然而儒家思想却仍然保持着它独有的温润平和、内敛不张扬的内涵，独自蓄势待发，到了白居易生活的唐朝，儒家思想发展到了极致，将唐朝社会的发展也推向了鼎盛。

宏伟的目标也可能随时被现实的磨难所羁绊，我们生活的世界并不是完美的，嘈杂的尘世间，难免会有黑暗的角落。

贫苦的学子们，将理想寄予仕途之路。在当时的社会中，严苛的赋税制度，统治者的骄奢淫逸，对于下层劳动人民的苦难不闻不问，任由暴政横行于人间。世家贵族将做官之路牢牢地封锁在自己的手中，利用徇私舞弊等行径将寒门学子的希望瞬间湮灭。任何人看到社会上的这种黑暗状态，恐怕都会将情感寄托在另一种精神领域中。

中国佛教史开始于公历纪元前后，到了白居易所处的唐代，是佛教发展最为鼎盛的时期。这一时期，唐朝已经非常国际化，外国的文化及思想都会不自觉地滔滔涌入，与本国主流思想兼容并蓄地发展着。

鼎盛发展中的佛教，自然也遭到了唐朝其他学派的抨击。本来儒家思想与佛教的争论是甚少的，但韩愈的《原道》一文，却是对佛教的奋力反击，他认为佛教是让人碌碌无为，凡是不争，无所作为，是对国家社稷无益的，是对自己的人生无意义的。

白居易由于自幼苦读诗书，孔孟之道、儒家思想，自然是铭记于心。这一时期，又是唐朝重新恢复佛教的时期，佛教思想重新被各大宗派传扬。想到自己坎坷多难的人生，谁又能抗拒这种精神上暂时的安乐呢？

一个生于战乱年代且人生不能只用坎坷和磨难来形容的人，只能将思想暂时放逐于这种虚幻的海洋中。因为在这里，他可以得到安慰，一切的苦难都是过眼云烟，最终都会散去。

即使现在对前途和生活失去了信心，最终，一切还是会回到起点。万物都是有始有终的，悲伤与灾难不会一直伴随，只有心中始终抱持着那份纯真与善良。

白居易理想中的佛教，是可以让他忘了痛苦和悲伤，是五彩斑斓的世界，是可望而不可即的世界，是没有苦难只有自由和幸福的国度。他虽然在儒家思想的教育下成长起来，但也对普世的佛学有着浓厚的兴趣。那梵音和钟声，像清灵的山溪一般，潺潺地流进他的心里。也许在经历命运苦难的时候，佛的种子就开始在他心中生根，然后随着岁月流转，渐渐成长。在他的心灵幽境，开着寂静的莲花，伴随生命始终。

白居易的一生中，有许多佛学僧人给了他很深的启发，对他为官为人，都起到了一定的影响。在与这些僧人交往的过程中，他学会了摒弃自身的浮躁，让自己变得沉稳内敛。他越发地懂得了宁静的力量，那是任何世事浮沉都无法淹没的光芒。然而，这种淡然，投射在他的命运中，也带着些许的伤感。

官场的生活让白居易看尽了腐败，饱尝了被贬后又再度踏上仕途的那份悲哀。他早已对儒家思想中那"修身、齐家、治国、平天下"的壮志理想不抱任何希望，在看透了下层人民因国家的腐败所遭受的苦难时，他那颗脆弱的心再次被挫伤，原本兼济天下的理想化为泡影，原来自己一直无能为力。

儒的理想荼蘼，佛的向往才开花。

在佛学的理念中，他试着将这一切都看淡了。他曾写过一首《感芍药花·寄正一上人》：

> 今日阶前红芍药，几花欲老几花新。
>
> 开时不解比色相，落后始知如幻身。
>
> 空门此去几多地，欲把残花问上人。

诗中的上人本指持戒严格并精于佛学的僧侣。

在古文中的"上人"，是对长老和尚的尊称。白居易通过这位与自己熟识的佛教中的上人的劝导，懂得了无常的道理，并以芍药花的兴衰一生说明了无常的人生。芍药花开花时，人们只记得它美丽的容貌，却不知道那只是虚幻的，一切终究会化为乌有，当芍药花凋落时，人们才会明白这华美虚幻的容貌终究会幻灭。

生活中所遭遇的种种，其实无须太在意，万物皆是虚幻，此刻羁绊着你的，总会过去，因为世事无常。佛家说无常，中国《易经》叫变易、变化。佛教讲的无常，往往是指人的死亡，所以佛教的无常观，其实就是对死的看法及观念。

白居易常与僧人交谈自己所遭遇的不幸或是心中抑郁难舒的情结，在一次次的交谈过程中，他渐渐地感受到了佛学带给他的精神力量，那是他苦读诗书无法换来的，那种喜悦是进士登科都不曾带给他的。

与白居易交情匪浅的还有明准上人，他曾多次将自己心中的苦闷和忧愁与明准上人倾诉，希望他可以用佛法的理念帮助自己从阴郁中走出来。

白居易曾在《客路感秋·寄明准上人》中将自己人生中的疑惑和苦恼记下，然后拿给明准上人，希望能从他的口中得到答案。

> 日暮天地冷，雨霁山河清。
>
> 长风从西来，草木凝秋声。
>
> 已感岁倏忽，复伤物凋零。
>
> 孰能不惨凄，天时牵人情。
>
> 借问空门子，何法易修行？
>
> 使我忘得心，不教烦恼生。

感事伤时的白居易，因为秋天的萧瑟所带来的景物变化而感慨时间倏忽而变，让人无法捉摸，转眼间就从郁郁葱葱的生命变得凋零枯败。这些都让白居易的心境再次陷入了无尽的悲伤，于是他想向明准上人请教，怎样才能让自己的心境不再随外界的变化而有一丝波动？怎样才能将人生的悲喜看得淡泊如水？

白居易为了自己能早日释怀心中的苦闷，看淡人生的磨难，他开始结交更多避世退隐的得道高僧，希望能从他们身上得到一些启发。而这些高僧中，最让他佩服和羡慕的还是定光上人。

定光上人生于南朝时期，曾与友人创立了第一个佛教宗派天台宗。白居易在江南游历时，曾听说定光大师擅长禅定，入定后，在树林中打坐长达十五年之久。

这十五年间，外界任何的变化都不曾引起他的注意，他早已将自己置身那神秘的理想国度，没有纷争，没有任何的困扰，更没有痛苦。

对于白居易来说，他十分欣赏定光大师的这种定力，这是超然物外、摒弃一切的定力。而自己却不能坦然面对生活中所发生的一切，做不到"不以物喜，不以己悲"。他也将自己的这份崇敬和仰慕寄予自己的一首诗中。

题赠定光上人

二十身出家，四十心离尘。

得径入大道，乘此不退轮。

一坐十五年，林下秋复春。

春花与秋气，不感无情人。

我来如有悟，潜以心照身。

误落闻见中，忧喜伤形神。

安得遗耳目，冥然反天真？

人生境遇让白居易早早就与佛教结下了不解之缘。虽然青年时期的他还意气风发，但在经历了进士及第、入仕为官诸多乐事之后，他还未真正地参透佛法中的淡然与无谓。

但此刻，他人生的信仰开始发生了转变，也为他的人生开辟

但能心静即身凉 白居易诗传

了另一个领域。

　　人生好似一个旅程，匆匆赶路的同时别忘了留一份心情欣赏沿途的风景。到达终点不是人生的目的，一路的天高云淡、鸟语花香，才是真正的收获。

旧梦难寻，初入仕途

　　在佛海中徜徉的白居易，终究还是被现实生活再次唤醒。他无法做到不在乎身边的一切，父亲去世后，家庭的重担都要他一人承担。母亲寄居在亲戚家中，生活并不美满，中年时期幼子夭折，正在悲痛中无法自拔的时候，丈夫也离开了她。

　　如今白居易进士及第，仕途上要有所发展了，这些都给了这个命途多舛的母亲无尽的安慰。中了进士之后，白居易就已托人将这一喜讯及时带给了母亲，希望这个喜讯能为母亲多年来惨淡的生活增添一份喜悦。

　　白居易不久便赶回了洛阳，见到母亲的那一瞬间，他深感此次的见面与以往大有不同，多年来积蓄的情感在此刻丝毫没有掩饰。他曾带着对生活万般的无奈、对前途十分渺茫的心态刻苦读书，正是为了能有今日，手执榜文，亲手呈于母亲面前，让她在经历了人生的苦难之后，还能看到一丝希望。

　　母亲看着儿子跪在自己面前，亲手将书写着他进士及第的榜

但能心静即身凉 白居易诗传

文交给自己的时候，心中虽无比喜悦，想要张口说话，却已泪流满面。她不仅是叹自己的人生终于苦尽甘来，更是为儿子的成功而激动欣慰。她明白，自己所有的苦难，都在这一刻得到了完满的报偿。

此后，母亲的病情也随着心情的好转而有了起色，竟比往日多了几分随性和乐观，逢人便提起儿子高中进士之事。白居易看到母亲的病情有所好转，也可以暂时放心去享受一下生活。

多年的寒窗苦读让白居易身心俱疲，他此刻十分怀念少年时期在江南多地游历的那段时间，虽然孤苦，却乐在其中。如今，他想再次纵情山水，找到自己最初的那份纯真的体验。

山水风光固然美好，但在白居易的心中总是少了一种味道，因为他的心中仍有一种渴望未能圆满，那便是他的挚爱——湘灵。

白居易多次恳求母亲答应他与湘灵的婚事，但母亲仍以自己的理念拒绝了白居易。一面是真心，一面是孝悌，始终两难周全。万念俱灰的白居易伤心之时写下了一首《生别离》。

食檗不易食梅难，檗能苦兮梅能酸。

未如生别之为难，苦在心兮酸在肝。

晨鸡再鸣残月没，征马连嘶行人出。

回看骨肉哭一声，梅酸檗苦甘如蜜。

黄河水白黄云秋，行人河边相对愁。

天寒野旷何处宿，棠梨叶战风飕飕。

生离别，生离别，忧从中来无断绝。

忧极心劳血气衰，未年三十生白发。

遇见一场烟花盛开的美，从此，即使梦碎，依然守着不悔，选择在回忆里沉醉。白居易因情事、家事而早生华发，生时的离别最难让人忍受，两个相爱的人却不能相见，互相思念的人却要谈别离，这种痛苦，困扰了白居易一生。

爱已成永殇，白居易终究还是要继续他的人生。

白居易在洛阳陪伴了母亲数月后，便动身南下回到了宣州。他忘不了这里是他成功的起点，而宣州刺史崔衍也是他的伯乐。他这次回到这里，也是为了感谢崔衍的慧眼识英才。若没有崔衍的举荐，自己或许还只是一个苦寻出路的贫寒学子。如今高中进士，自然不能忘记最初那份感恩的心。

白居易到府上拜见了崔衍后，向他表达了感激之情，并赋诗一首《叙德书情四十韵·上宣歙崔中丞》：

元圣生乘运，忠贤出应期。

还将稽古力，助立太平基。

土控吴兼越，州连歙与池。

山河地襟带，军镇国藩维。

廉察安江甸，澄清肃海夷。

股肱分外守，耳目付中司。

楚老歌来暮，秦人咏去思。

望如时雨至，福是岁星移。

政静民无讼，刑行吏不欺。

拙谦惊主宠，阴德畏人知。

……

激昂的诗篇，充满着感怀，也充满着希望。白居易赞叹崔衍这些年来在政治上的成就，感恩他对自己的帮助，并且间接地表达了自己希望今后的仕途能继续得到崔衍的支持和提拔。崔衍读到此诗的时候，兴奋不已，喜上眉梢。

白居易拜谢了崔衍后，便又启程去看望在浮梁任主簿的大哥白幼文了，自己曾与大哥相约科举考试后，再回到此地与大哥相聚，共叙手足之情。

白居易在浮梁大哥的家中一住就是数月，尽管兄弟相见，日夜畅饮，举杯对月诵诗，是人生的一大乐事，但再美好的时光也总有消逝的一天。

在大哥家中停留的这数月里，他无数次地想到距离这里不远处的符离，那里曾有他苦读的身影、嬉戏的笑声，还有那些已经镶嵌在他情感中的山水美景，这个被他称作第二故乡的地方，还埋葬了一段纠结其一生的感情。但看到现在战乱的局势，他又不得不放弃了这个打算。

五月，山花烂漫的时节，生活中却一如既往地发生着悲喜故事。徐州刺史张建封去世，当地的政务暂时交由判官郑通诚管理。谁知郑通诚却有独占徐州之意，但其又自知自己在此地不得民心，自己又不善用兵，想统治这徐州，绝非易事。经过日夜筹谋计划，他觉得利用浙江西部的军队换防的时机，设计将他们引入徐州城，帮助自己夺得兵权。

然而事情并未像郑通诚想象得那么简单，他没有想到，百密一疏，自己的计划早就被泄露了出去。徐州城驻守的士兵没有给郑通诚任何机会，在当地百姓的积极配合下，不出几日便活捉了郑通诚，守住了徐州城。

由于之前的徐州刺史张建封在当地享有很高的声誉，于是徐州的将士一致推举张建封的儿子作为留后，并集体向朝廷请命。朝廷一向反感此类行为，于是派人征讨张建封的儿子张愔所率领的军队。张愔积极应战，造成了朝廷几次征讨并未见成效，最后只好同意了张愔作为徐州刺史的请求。

在这次征讨的过程中，白居易日思夜想的符离，遭受了炮火的重创。战争里流淌的，无不是悲伤的故事。白居易知道，一座小城在战争的厮杀中悲啼。号角响起，那是无数生命哭泣的声音。

符离的战争持续了几个月，回乡的道路自然也被阻隔了，白居易在日日期盼着，从五月熬到了中秋。他在苦苦的等待中度过了几十个朝露易晞。待到局势平稳了一些，他才辞别了大哥，又独自踏上了去往符离的旅程。

符离，始终牵着他的魂、他的梦。此次回乡，心情与以往大有不同，科举考试的成功带给他的喜悦还未散去，与大哥的团聚又为他平添了几分欣喜。此次出行，本就是带着轻松的心态，虽然本想纵情山水之间，但看到符离如今经历了残忍的战争的洗礼，心中又不免有几分酸涩。

　　青山绿水间，白居易总是能隐隐地闻到血腥味。也许，那是他的心在滴血。踏入符离的瞬间，就已为满目疮痍的符离所震惊，昔日的美景如今却已成为战场的幕布。战后的一片凌乱甚至让他不忍再踏足此地，虽只是中秋时节，却早有了冬日的那般萧瑟与冷清。

　　寂寥难入眼，寒景更寒心。眼前的这一切都让他深刻地体会到战争带给这个城市和苦难人民的深深伤害，曾经的那份美好早已不复存在，旧时好梦难寻，如今心底却有了无法抹去的伤痕。他忽然明白，永远难以复原的不仅仅是时光。

　　白居易又回到了自己曾经住过的地方，那里如今也是一片惨淡的景象。白居易带着沉重的心情，来到了儿时常常涉足的流沟寺，这里清静淡雅的氛围曾带给年幼的他无数美好的回忆。这千年古刹此刻仍旧优雅地屹立于此，或许是战争都不忍侵袭它的美好。

　　也许这千年古刹已经早已习惯了浮世沧桑，所以才不被硝烟弥漫的外界影响。白居易不禁感慨，自己何时才能拥有那份超然物外的淡泊。

白居易独自在流沟寺内踱着步，回想着曾经美好的回忆，不禁慨叹时光飞逝，一去不返。遥想当年，白居易就是在这寺中结识了人生中的挚友刘五，两人年龄上虽相差甚多，但却十分投缘。刘五欣赏白居易小小年纪却才华横溢，白居易也相当认同刘五对时事的批判和对人生的规划。而刘五原来就是住在这流沟寺中，如今再回到此地，早已物是人非了。

物是人非，岂不是生命最凄凉无奈的悲叹……从前的"符离五子"现在已各奔东西，各安天涯。昔日大家相聚在一起共抒心中理想、共谋人生计划的场面还历历在目。可往事终成过往，今生不复重来，那一段美好时光，都淹没在了幽幽的时光深处。如今，不知大家是否安好，是否有人像自己一样，为了仕途而疲于奔命，或许已经有人实现了自己的理想抱负，过上了安逸的生活。白居易的思绪，被锁在这古刹悠扬的钟声中回荡在空中，也萦绕在了他的心中，一圈一圈，久久难以散去。

虽然这里已被战争践踏得残破不堪，但这里始终是他成长的地方，如今既然回到了这里，就不想离去了。那一缕乡愁，一头牵着他奔走的灵魂，一头牵着那段过往曾经。

由于自己已经考中了进士，母亲也可以不用寄宿在亲戚家中了，可以安心地回到符离的家中，回到从前平淡的生活了。

经历生命沉浮，平淡便成了人生难得的珍味。不久，白居易

但能心静即身凉 白居易诗传

就将母亲接回了符离。这里的家虽然已经破败成了一片十分荒凉的景象，但地产未变，回到家中的白居易，仍旧过着苦读的日子。虽然是每日面对这颓唐的景况，心中却始终浮动着热情。

按照唐代的规定，科举考试中了进士也不能被授予官职，若想自己在朝中谋得一官半职，只能再次通过"拔萃科"的考试，然后按"拔萃科"考试的名次来授予职位。

白居易为了早日走上仕途，拿到国家的俸禄，减轻家中的经济负担，在科举考试不久后就报名了"拔萃科"的考试。

白居易除了积极备战考试外，也没有放弃自己纵情山水的初衷。闲暇时间，他又到徐州游玩了几天，其实是想到此处拜当时赫赫有名的韩愈为师。韩愈当时倡导的"古文运动"让无数学子纷纷响应，得到了许多文人学士的支持。不巧的是，韩愈此时没有在徐州，于是白居易拜师的愿望就此碎落，无影，无声。

正在白居易无望之际，命运为他送来了恩泽。机缘巧合下，他结识了韩愈的学生，当地有名的文人李翱，两人一见如故，在与李翱的交谈中，白居易获益匪浅。本想结束徐州游历，继而南下的白居易此时又被家中突如其来的变故所牵绊。刚刚平静如水的心，现在又掀起了阵阵波澜。

这一年，白居易的外祖母离开了人世，这让他悲痛不已。幼年时，父亲常年在外为官，陪伴自己的除了母亲，就是和蔼可亲的外祖母了，而自己却不曾在她去世前，再见她最后一面，这或许是白居易此生最遗憾的事情了。深深的思念之情，全都寄予在那篇墓志铭上了。

铭曰：恭惟夫人，女孝而纯，妇节而温，母慈而勤。呜呼！谨扬三德，铭于墓门。恭惟夫人，实生我亲，实抚我身；欲养不待，仰号苍旻。呜呼！岂寸鱼之心，能报东海之恩。

《白氏长庆集·卷二十五·墓志铭》（节选）

那个疼爱他的外祖母，是一位非常慈祥的老人，那段曾经美好的故事……都在时光里，渐行渐远。

子欲养而亲不待，外祖母的笑容、她的好，都成了刻在心头的痛，那浓厚无私的爱，今生难以报偿了。如今他能做的，就只有把悲伤深埋，笑着活下去。他懂得，那必定是逝去的亲人想要看到的样子。

春天，虽然给沉寂了一个冬季的大地带来生机，却未带给悲伤的白居易一点希望和喜悦。因为在这个春天，六兄又突然病故。白居易回到符离前，还曾在六兄的府上住了几个月，与六兄把酒赋诗的情景，仿佛发生在昨日，是那样清晰而触手可及。

与六兄相聚的那段时光，是他此生难忘的，也是他最快乐、最得意的时光。然而自己才离开了几个月，六兄就突然病故，这对白居易来说，犹如晴天霹雳，他不敢相信，也实在不愿相信，那日挥手一别，却是此生的诀别。

后来，白居易从别人口中得知，自他与六兄分别后，六兄便身染重病，疾病来势凶猛，由于六兄一生为官清廉，家中并无多少积蓄，所以才耽误了治病的时机。六兄离开的时候只有四十岁，这本是仕途一片光明、家庭幸福美满的年纪，而生命就是如此难以捉摸，它可以包容一切丑恶，却让这个本是壮年的男人过早地离开了人世。

白居易与六兄的感情已经超越了骨肉亲情，是知己间的惺惺相惜。外祖母的离世已经让他终日沉浸在苦闷中，如今六兄也离开了自己，白居易只能将自己的悲伤写进祭文中。

在拜祭了六兄后不久，白居易又匆匆赶往宣城郡。白居易此次南下，并不是游历，也全然没有那份轻松愉悦，而是带着沉痛的心情为十五兄奔丧而去。

十五兄在自己独自漂泊江南的那几年，曾给予他莫大的帮助，十五兄生前在安徽的乌江县任主簿，而自己与十五兄的感情也非同一般，白居易对十五兄始终抱有一份崇敬之情。十五兄的父母在他很小的时候就离开了他，但他并没有自暴自弃，而是刻苦学习，在外拼搏了多年后，最终被朝廷委任为乌县主簿。十五兄的这种勇于拼搏、自强不息的精神深深感动着白居易。

白居易觉得自己自幼离家漂泊的经历与十五兄有着相同之处，那种孤苦无依的感觉，十五兄或者更能理解。他与十五兄的年龄差距不是很大，两人经常会对许多事有相同的感受，兄弟之间也有说不尽的话。

两人曾有共同的志向，就是有朝一日金榜题名，踏上仕途。于是，两人相约一同去参加科举考试，一路上相互鼓励，最终都取得了令人满意的成绩。往事历历在目，却勾出了泪水涟涟，生死离别，是无可治愈的永殇。

不到两年的时间里，这已经是第三位亲人离开自己了。这一次十五兄亦是英年早逝，这再次诱发了白居易内心深深的感慨与惆怅。

正值壮年的他，还未曾踏入仕途，人生的抱负理想何日才能实现，亲人逝去的悲伤已经为他科举考试成功之后的人生再次蒙上了一片黑暗。

白居易又一次迷失了，他心中有着数不尽的惶惑。战乱的社会已经无法给他一个安定的生活了，为什么还要一次次无情地将他生命中最亲近的人夺去？生活总是一次次地在他得意的时候又让他体味失意的痛苦。

悲伤的白居易从宣城郡回来后，没有在符离停留，便启程去了河北。新的生命路程，他是否能够遇见未知的自己。在河北，有他刚刚结识的李翱，他或许是想找人倾诉这心中的苦闷，"拔萃科"的考试迫在眉睫，他想向李翱请教一些关于考试的问题。

李翱看到风尘仆仆的白居易，不免有些惊讶，同时也对白居易的到来表示欢迎，并将自己的朋友介绍给白居易认识。

此人名叫唐衢，在当地也是一个小有名气的文人，白居易与其经过几次交谈后，深感此人是位忧国忧民的忠义之士。每当提到国家当前的窘境、百姓的苦难，唐衢常常难以控制自己满腔的悲愤，不禁落泪。说到唐衢自己，也是时运不济，多年的苦读并未让他在考试中有所成就，而是空有满腔热血，却一生只能为了生计而苦苦奔波。这样的人生，不禁让人唏嘘。

几日后，白居易辞别了李翱和唐衢，赶往长安参加"拔萃科"的考试。

保持初心，独善其身

拔萃科的考试时间是由本年的十一月到第二年的三月，考试的内容是一百道书判。此次考试对于白居易来说，是进入仕途至关重要的一步，他必须把握住这次机会，所以面对考试，他不免有些紧张。

这次考试，白居易遇到了与他自幼熟识的元稹，这给他莫大的安慰。最终，白居易和元稹同被授予了秘书省校书郎这一官职。

三十二岁的白居易终于凭借自己多年的努力踏上了仕途。且不论那仕途是否是他渴望的那番模样，这已经让他非常开心，因为梦想已经见到了曙光。多年的努力没有白费，从此再不必为生计忧愁。人生终于在黑暗中再现转机，命运再次为他开辟了一条崭新的道路，只希望他在这条路上不要走得太艰辛。

秘书省校书郎虽然官职不大，但总算是不负自己多年的苦读，不辜负母亲的期望。也总算是可以自食其力，不用再靠亲戚的救

但能心静即身凉 白居易诗传

济和帮助度日了。

成功步入仕途的白居易首先想到的就是利用自己微薄的积蓄，为自己在长安安一个家，待一切安排妥当、生活稳定之后，再将母亲从符离的家中接来与自己同住。

由于手中资金有限，白居易无法买下长安城中任何一所房子，只能暂时租房度日。几经询问，他租下了唐德宗时期宰相关播居住的一所房子。关播于贞元十三年（797年）去世了，从那时起，这房子就一直空着，时隔多年，早已落满了灰尘，一片荒凉。

白居易经过仔细地收拾之后，总算有了一丝家的感觉。对自幼在外漂泊的白居易来说，他喜欢这里。他一搬到此处，就难以抑制心中的激动兴奋，便赋了一首诗：

常乐里闲居偶题十六韵兼寄刘十五公舆王十一起吕二炅吕四颖崔十八玄亮元九稹刘三十二敦质张十五仲元时为校书郎

> 帝都名利场，鸡鸣无安居。
>
> 独有懒慢者，日高头未梳。
>
> 工拙性不同，进退迹遂殊。
>
> 幸逢太平代，天子好文儒。
>
> 小才难大用，典校在秘书。
>
> 三旬两入省，因得养顽疏。
>
> 茅屋四五间，一马二仆夫。
>
> 俸钱万六千，月给亦有余。

既无衣食牵，亦少人事拘。

遂使少年心，日日常晏如。

勿言无知己，躁静各有徒。

兰台七八人，出处与之俱。

旬时阻谈笑，旦夕望轩车。

谁能雠校间，解带卧吾庐。

窗前有竹玩，门外有酒沽。

何以待君子，数竿对一壶。

　　白居易作此诗表达自己对这个家的喜爱之情，也将本诗赠予他的同窗好友，同时表明自己对于官场上那些争名逐利、徇私舞弊的厌恶。他虽然身为官场中的一员，但并未像这些人一样，他时刻告诫自己要保持最初的那份赤胆忠心，他更爱家的温馨和宁静。

　　秘书省的工作相当清闲，工作时间相当宽松，工作也无非是整理书籍之类的事，无须伤神费力。这也让白居易有了闲暇时间到各地游历，陶冶情操，增长见识。那段时间，白居易充分了解了下层人民的苦难。白居易利用工作之余的闲暇时间，首先在长安城内各地游历。

　　繁华的长安，处处都是盛景。锦绣的长安城并没有迷乱白居易的眼，而他自有钟情之处。当时的白居易对佛教相当痴迷，他经常会到长安城内的慈恩寺，听那里的大师讲解佛法中的奥秘。每当他的耳边响起了经文梵音，他的心就能平静下来，他的心在平静中寻找到了力量，找到了最真实的存在感。

白居易最快乐的事就是常与挚友元稹一同游园放歌，赏月吟诗，潇洒度日。那样的日子，婉转如诗，是他生命中不可多得的畅然。

但好景不长，离别的故事再次在生活中上演。几个月后，元稹娶妻，之后，便随妻子一家搬离了长安，去往了东都。

白居易望着扬长而去的马车，沙尘淹没了车轮，疾驰奔向远远的天际。他的眉头微微蹙动，但是孤独的心，却已是泪雨滂沱。此一别，不知再见是何年。

元稹离开了长安，白居易身边少了一个能够倾诉的朋友，顿时觉得生活无趣，平添了单调和落寞，心中多了几许寂寥。当挚友驾车离去之时，长安，已无让他安心之人了。

其实，每个人都一样，只有心中有所寄托，才能够在现世安稳地过活。

孤独寂寞时常啃噬着他的灵魂。于是，在百般思量之下，白居易准备动身回到符离，准备将母亲及家人接到长安来。

白居易在强烈的愿望驱使下，很快地坐上了回家的马车，听着马蹄嗒嗒作响，他的身体在马车内晃动，而他的心渐渐地平静下来。熟悉感和安全感渐行渐近，他的心中自然是充满了欢欣。

一别如斯，往事如昨

符离的一切还是那样熟悉而美好，他找到了一种生命中久违的稔熟感。看着熟悉的景致，他将一片片美好的记忆拾起，放在心中。

每一次和亲人相守的光阴都让白居易感觉是如此亲切，久违的内心深处，莫名的渴望在滋长。年少时期就与家人聚少离多的白居易，对于亲人和家庭是极其看重的。

白居易满载着荣誉与希望，满怀信心地回到符离的家中。这次回来，既是想将家人接到长安居住，也是为了再见湘灵一面。

白居易没有立刻将家人搬至长安，而是在此地逗留了一段时间。在这段时间，白居易和湘灵多次约会。虽然几年未见，但感情和默契都不减当年。白居易见到让自己魂牵梦萦、割舍不断的湘灵，有说不完的话、诉不尽的情。他们互相诉说着分别后的心情和生活状况。

白居易为湘灵讲述着自己多年来不懈努力所取得的一系列成

功，也对这个农家女孩诉说着外面的世界纵使有万般美妙，也无法与伴他成长、有他牵挂的符离相提并论。

在白居易绘声绘色的描绘中，湘灵得知自己牵挂的男子，虽然这些年也历经了不少磨难，但最终还是取得了硕果。如今的他，生活是圆满幸福的，而现在的自己，更是无法高攀这个在朝为官的校书郎了。他虽然就站在眼前，但他们之间的距离已经越来越远。

在白居易纵情讲述自己多年经历的同时，他可能没有想到，这个农家女子，多年来从未放弃过任何能够知道他近况的机会。她经常利用集会或出去购物的机会，向熟悉白居易的人打听他的消息，得知他及第中举，她兴奋得彻夜未眠。她虽早已知道了白居易现在所说的一切情况，但还是在认真地聆听他的讲述。因为她知道，自己多年来的期盼，在此刻终于变成了现实。白居易目不转睛地看着湘灵，此刻眼前的她，虽不像当年那般明眸善睐，活泼可爱，岁月也在她的脸上留下了抹不掉的痕迹，同时留给了她一种娴静沉稳的气质。而自己也不似当年那般满腔热血，对人生也少了几分追求，少了几分期盼。只是两人之间的这段感情，未曾发生改变，湘灵依然值得让他为之辗转反侧，彻夜难眠。

这时，湘灵却退了一步。她自认高攀不起白居易，决定与他分开，这一别，就是永远。

之后，白居易带着家人搬离符离。离开符离的那天，烟雨蒙蒙，白居易走在离别的路上，无数次驻足回眸，多希望在某一次回头后，出现在他视线内的是那与自己痴恋多年、难分难舍的湘灵。可是，他终究还是没有等来这一刻。细雨洒在他的脸上，伴着遗憾的泪水，滴落在符离的土地上。只将那首《潜别离》留给了符离，留给了深爱的湘灵。

不得哭，潜别离。不得语，暗相思。两心之外无人知。深笼夜锁独栖乌，利剑春断连理枝。河水虽浊有清日，乌头虽黑有白时。唯有潜离与暗别，彼此甘心无后期。

这个被自己视为第二故乡的地方，最终还是没能让自己在此地终老，还是要与它作别，作别这里的一切，包括那个让他痴恋的女子——湘灵。

这次别离，更是为这段多年的恋情画上了句号。这样一个为他痴迷的女子却最终无缘与他走到一起，白居易只得带着遗憾离开了符离。他知道，今日与湘灵的一别，或许就是永诀。

举家西迁的第一站就是母亲曾经生活过的洛阳，他们将在这里暂作停留。白居易外出赶考的多年间，母亲在这里受到了亲戚好友的多方照顾，此次回来，自然要对亲友们表示感激之情。除此之外，这里还有白居易念念不忘的圣善寺。

圣善寺是洛阳著名的古刹，年少时的白居易就曾造访过这里，如今再次归来，是为了拜谒圣善寺的住持凝公大师。谁知到寺庙中却被告知凝公大师已经迁化。听闻此讯，白居易心中又翻涌起

但能心静即身凉　白居易诗传

了无尽的悲伤与惋惜。在凝公大师弟子的带领下，白居易对凝公大师的法身做了礼拜，当他目睹大师安静祥和的容颜时，初次与大师见面的场景犹如昨日之事。

初次见面时的那份美好温暖了整个岁月，芬芳了一世的年华。白居易的记忆又深陷在了四年前，那一年是唐德宗贞元十六年（800年），白居易经历了多年的苦读，高中进士。他带着满心的欢喜，在回到符离的途中，途经圣善寺。

白居易当时正是春风得意之时，见到任何人都掩饰不住内心的那份喜悦。当他见到凝公大师，顷刻间就被大师身上那种凝重和安详震撼，大师的沉静超越了世俗的牵绊，在他面前，自己可以感受到整个世界在这一刻变得宁静，任何事情都不能在他的心中泛起一点涟漪。

反观自己，只因人生的一点点成就而变得如此浮躁和不安。白居易静立在大师的面前，静心感受着大师手中的佛珠和木鱼交错的和声，仿佛一首空谷回声的悠扬乐曲，在心底悠然地展开。细细品味，还能聆听到这美妙乐曲中穿梭着大师平稳的呼吸声，沉稳而安逸，这就是白居易此生听过的最曼妙的声音。

白居易深深地震撼于大师修炼的这种境界，在临行辞别前，恳请大师为自己今后的人生指点迷津。大师看到如此虔诚的白居易，也知道这个才华横溢的年轻人前途不可限量，将来必定会为世人造福，也必定会像无数被时代造就的文人雅士一样，历经官场浮沉，人生坎坷。

于是，凝公大师气定神闲地在白居易的手掌上写下八个大字：观、觉、定、慧、明、通、济。虽然白居易暂时没有办法理解这八个字的含义。但他却如获至宝。他还不知道这八个字在他人生中宝贵的含义，这八个字让他在得意之时、迷失之际都感受到为官之路的艰险，此生追求的荣华富贵终究只是过眼云烟，漂泊于世的人们不应只看重功名利禄的追求，人们要参透的还有对人性的理解、对生命的感悟。

白居易回望过去的种种经历，更觉得凝公大师内心蕴含着深厚的底蕴。当初手掌上轻轻落下的八个字，此时却沉甸甸地烙在他的心中。

迁化后的凝公大师留给了白居易终生受用的八字财富，真正的佛法本是无法用言语及文字准确叙述出来的，真正的佛法讲究的是传授者之间的那种默契和自然而然的心灵间的沟通，是一种无声的契合。

别了圣善寺，白居易踏上了远去的路。在那个美丽的春天，白居易带着一家人，搬离了符离。这个曾经让他魂牵梦绕的地方，渐渐消失在他的眼界里。

第三章

不将今日负初心

朝堂昏暗，我心迷茫

到了长安，白居易发现自己租赁的房子无法容纳这一大家人。无奈之下，他只好将家人安排到了祖上在渭河边的一处住所里。虽然没能将家人与自己安置在一起，但是这里交通便利，距离他在长安城内的住所不过百里，乘船即可到达。

白居易将家人安排妥当后，安然地回到了长安。他重整心绪，在官场上开始了新的征程。新的开始，他便有了新的收获。不久后他便结交了许多志同道合的朋友，他们与白居易有着相同的经历，都是同年及第登科的，也都在仕途上开始崭露头角。其中不乏刘禹锡、柳宗元等流传后世的名人。那时的他们都还年少轻狂，对社会、对官场的一些现象都有自己独到的见解。于是，把酒言欢、吟诗畅谈间，愁思也渐渐被欢声冲淡。有了家人的陪伴，有了那些知音人，那些迷茫的岁月也随之清朗起来。

贞元二十一年（805 年）正月，唐德宗驾崩，太子李诵继位，即唐顺宗。他任命韦执谊为尚书左丞，韦执谊听从了王伾、王叔文等人的意见，决定实行改革。同时吸纳一些当时思想较为激进的有识之士，例如刘禹锡等人，组成了一个改革集团。

他们对官场上一些徇私舞弊的现象、藩镇割据的势力进行了严厉的打击，这一改革集团在当时引起了很大的反响。"二王"王伾、王叔文手中的权力也越来越大，朝廷政权似乎已经完全掌握在他们手中。

半年后，太子李纯继位，即唐宪宗。朝中心生不满的旧贵族和藩镇势力，借此机会将"二王"的组织粉碎，他们向皇帝进言后不久，这个曾经引领改革风潮的组织，尽数被贬谪。这场为时半年的改革运动，日后被人们称为"永贞革新"，虽然白居易没有参与这场运动，但他的内心，还是希望变革，倾向于革新党。他非常希望此次变革，以纠正朝廷中的腐败之风。但树大招风，改革必然会触及朝廷中旧势力的利益，由于当今朝廷江山不稳，提议改革的这些人，迟早会遭到排挤。此次变革中，许多白居易昔日的好友都曾参与其中，而白居易的好友刘禹锡最终被贬谪，离开了长安。偌大的长安城中，知心的朋友逐渐离他而去。这座繁华的长安城，又成了他的失乐园。

失落的白居易常常到寺庙中寻求安慰，在《三月三十日题慈恩寺》中，曾这样说过：

慈恩春色今朝尽，尽日装回倚寺门。

惆怅春归留不得，紫藤花下渐黄昏。

感怀伤春之情尽在此处体现，感怀朋友离去的感慨，也蕴含其中。

转眼间作为校书郎的白居易任期已满，这一年已是唐宪宗元和元年（806年）。按照当时的规定，官职的任期一般为三年，若想继续为官，则需要朝中有人举荐。然而白居易在朝中为官的好友大多已因为改革之事被尽数贬谪，已无人再能举荐他，他所有的期盼和渴望都在现实里落空。

无奈之下，白居易只好再次通过科举考试获得官职。四月，草长莺飞，芳菲满天。美丽的季节里，总是会有一些喜悦的消息。命运机缘，白居易再次与挚友元稹一起参加了考试。考试结束后，元稹被授予左拾遗，而白居易被授予盩厔县（今西安周至县）县尉。

在得知了自己即将去盩厔县上任的消息后，白居易与挚友共同度过了一段虽短暂却无限美好的时光。在那段时间里，他们一起作诗，研究诗歌中的道理，讨论感兴趣的佛法，并一起写下了诸多流芳百世的诗作。

风舞花香，他们醉在了墨香袅袅的诗酒时光里。每一寸岁月，都变得柔和，成了彼此记忆中最暖的一页。纵然美好能化作永恒，但是却留不住光阴。相逢便注定了分离，酒罢诗成后，他们终究要奔赴各自的人生。

白居易人生的下一程，便是盩厔县。盩厔县位于终南山脚下，距离长安有一百多里地，隶属京兆府。县衙机构内设置县令一人，正七品，县尉两人，正九品下。县尉的主要工作就是协助县令向百姓收取赋税，如遇收成不好的时候，百姓自然无力交税，而此时县尉就要行使自己的权力，以暴力逼迫百姓交税。

　　贫穷与疾苦的故事在各地不断地上演，而这一次，白居易却要亲身去经历，去做那个将百姓逼上痛苦的官吏。

　　自幼独自漂泊异乡的白居易，对于下层百姓的疾苦和生活中的心酸，早就看在眼里记在心间。现如今让他对这些贫苦的百姓使用暴力，这是他无论如何都做不到的。但朝廷已经给他指派了这个工作，他身为一名朝廷命官也要对朝廷忠诚，于是只好默默地承受这份工作所带来的压力。他的灵魂，承受着双重信念的撕扯，他唯有一步步艰辛地前行。

　　盩厔县虽然是个小县城，但有许多美景。白居易到此地不久便被这里别致的景观吸引。

　　山水，是自然的魂，有一种原始的自然力量。官场上的不如意让白居易常常纵情于山水之间，因为只有如此，才能让他暂时忘却烦恼，释怀自己。他受够了官场上那种欺上瞒下的生活，对于当官不为民做主，不懂体会下层人民苦难的行为有着深深的厌恶之情。他在《县西郊秋寄赠马造》中表现了自己对官场生活的厌恶。

紫阁峰西清渭东，野烟深处夕阳中。

风荷老叶萧条绿，水蓼残花寂寞红。

我厌官游君失意，可怜秋思两心同。

野烟深处，夕阳色里，白居易找到了一种宁静的回归。同时隐喻地暗示自己希望早日脱离官场及避世退隐的想法。

白居易在盩厔县的工作虽然不尽如人意，但在此地结交了不少知心的朋友，还是为他带来了不少心灵的慰藉。

不久，一个坏消息还是打破了白居易这平静的生活。好友元稹自从被授予左拾遗后，经常直言进谏，最终因为得罪了宰相杜佑，被贬到了河南做县尉。

元稹这种敢于直言进谏、不畏强权的勇气虽然值得自己佩服，但他落得如今的处境，还是让白居易不禁感叹官场的黑暗和野蛮。朝中奸佞把持朝政，无数忠贞义士屡遭排挤，不与奸臣同流合污的白居易此刻深感自己的仕途之路真的是举步维艰。

元和二年（807 年），白居易的仕途再现转机，他被调充进士考官，这次的调配使得他再次回到了长安。

白居易在离开盩厔的前一晚，与盩厔的同僚和好友举杯畅饮，朋友们也为其赋诗送别。这次聚会，虽然大家尽抒离别之情，但谁也不舍白居易的离开。最终，白居易以一首《晓别》为这次聚会，也为自己在盩厔的这段为官生涯画上了一个句号。

晓鼓声已半，离筵坐难久。

请君断肠歌，送我和泪酒。

月落欲明前，马嘶初别后。

浩浩暗尘中，何由见回首。

白居易回到长安，顺利通过了任职前的考试，被任为集贤校理。集贤校理的主要职责是帮助集贤学士撰写文章，校正书籍。

对于唐朝校理官这个职位，一般并不安排固定的人员任职，而是从当今已有官员中选出人员来担任此职位。这也就说明了，白居易此时还是盩厔县的县尉。再次被朝廷召回，白居易虽然感觉到了自己的人生再现希望，但在盩厔县的这段经历，也让他将官场的争斗、仕途的黑暗看作过眼云烟，即使再次踏上仕途，心中的那满腔热血也不再如从前那般炙热。

白居易在希望与失望间反复穿梭，他在命运的风雨里品到了各色人生。他的生命，始终在奔波。他累了、倦了，那曾经所有的渴望也都淡了。他得了所有人都会有的迷茫病，一味良药，就在自己的心中。

乌云散去，阳光就会洒下来。一切，总会好的。

伊人似水，佳人如莲

冷夜的风划过指尖，落寞成一丝一缕的忧伤，滴在心里，化成浓浓的伤心泪。伤心的故事，只有一次，却是伤心一辈子。每一个深冷的夜里，多少人陷入深深的回忆，曾经甜蜜，渐渐酸楚，到如今，更添了多少人生杂味。

真正的感情，不是日夜耳鬓厮磨的甜蜜共处，而是在磨难中的那份不离不弃。古时，被封建教条礼仪约束着的人们，自幼饱受儒家思想熏陶的白居易，对自己的每一段感情都是那样痴缠难舍。擅长写诗的他，自然也将对心仪女子的爱意寄托在诗中，融化于心中。这位名留青史的诗人所作的情诗，怎能不让女子为之动容。

白居易的情书中，并无刻意勾勒心爱女子的容貌或是生活状态。或许在他看来，自己的情书更应该是对同甘共苦的某段岁月的追忆，是把爱深深地融入了一字一句中。

白居易深深地懂得甜言蜜语不能长久地维持一段感情，只有共同历经了风雨，走过了苦难，这份感情才更弥足珍贵。那些同甘共苦、相濡以沫的岁月才是人生最宝贵的真情。

问世间情为何物？直让人魂牵梦绕。湘灵，始终是白居易心中放不下的牵挂。

白居易始终不愿相信符离的那次分别会让他和湘灵终生不再相见，因为缘分难言，只要彼此心中始终不忘，这纷繁尘世又怎能阻隔两个相爱的人相见。他仍然对这段感情抱着一线希望，他不奢望能和湘灵成婚，只是希望在人生剩余的岁月中，能再次与湘灵重逢。

在白居易担任校书郎的第二年，他就借着游览徐州的机会，再次回到符离，这次回来，是专程来找湘灵的。

但当白居易回到此地的时候，才发现湘灵已随家人搬离了此地。白居易经过多方打听，终于得知湘灵在与自己最后一次分别后，就随家人搬到了邯郸。

也许湘灵深知自己今生恐怕无缘与白居易再相见，所以并没有将自己即将搬离此地的事情告诉白居易。

焦急的白居易快马加鞭地赶到邯郸，但多处寻找，却并没有发现湘灵的踪影。白居易痛苦无助，他不明白为什么自己的痴情却带给他这么多苦楚，他不明白为何命运在让他经历了那些坎坷和磨难后，还要让自己的感情世界如此伤痕累累。

白居易一个人在邯郸流离了多日，他仍然期待着或许一个不经意的瞬间，就会让自己再次与佳人重逢。

此后，白居易在异乡的客栈中辗转反侧，当时已经是冬至时节，刺骨的寒冷交织着自己抑郁的心情，那些年与湘灵相处的点点滴滴，都历历在目，让白居易不忍再多想、再多念。他提起笔，将心中的痛苦还原到字里行间，为自己心爱的女子再写下了一首《冬至夜怀湘灵》：

> 艳质无由见，寒衾不可亲。
>
> 何堪最长夜，俱作独眠人。

在邯郸没有找到湘灵的白居易并未因此灰心丧气，而是愈加思念湘灵。所有的爱只能在期待里回忆跳跃，从此后将再也走不进现实，他只得含着泪，继续没有她的人生。

白居易的情感世界，在人们的舌尖上，舞成了各色故事。有人说，对那段与初恋女友湘灵痴缠了多年的感情，他用情最深。白居易与妻子成婚后，仍对这段初恋难以释怀，对湘灵仍然思念不已。他是多情的男子，难忘最爱。

众人的理解不同，看待问题的角度也不同。我们不是白居易，无法理解身处唐朝那个封建社会中，被封建思想压迫、被母亲逼迫而不得已放弃一段感情的痛苦；我们不是白居易，无法理解作为一个诗人，在自己如此浪漫而多情的内心世界中，应该怎样作别一段美好的初恋；我们不是白居易，更无法体会他婚后对妻子的那份真情所在。

我们很难去探究一个人的内心世界，只是凭借着记录下的史实，诉说着白居易生命中的最宝贵的真情。

汉皇重色思倾国，御宇多年求不得。

杨家有女初长成，养在深闺人未识。

天生丽质难自弃，一朝选在君王侧。

回眸一笑百媚生，六宫粉黛无颜色。

春寒赐浴华清池，温泉水滑洗凝脂。

侍儿扶起娇无力，始是新承恩泽时。

云鬓花颜金步摇，芙蓉帐暖度春宵。

春宵苦短日高起，从此君王不早朝。

承欢侍宴无闲暇，春从春游夜专夜。

后宫佳丽三千人，三千宠爱在一身。

金屋妆成娇侍夜，玉楼宴罢醉和春。

姊妹弟兄皆列土，可怜光彩生门户。

遂令天下父母心，不重生男重生女。

骊宫高处入青云，仙乐风飘处处闻。

缓歌慢舞凝丝竹，尽日君王看不足。

渔阳鼙鼓动地来，惊破霓裳羽衣曲。

九重城阙烟尘生，千乘万骑西南行。

翠华摇摇行复止，西出都门百余里。

六军不发无奈何，宛转蛾眉马前死。

花钿委地无人收，翠翘金雀玉搔头。

君王掩面救不得，回看血泪相和流。

黄埃散漫风萧索，云栈萦纡登剑阁。

峨嵋山下少人行，旌旗无光日色薄。

蜀江水碧蜀山青，圣主朝朝暮暮情。

行宫见月伤心色，夜雨闻铃肠断声。

天旋地转回龙驭，到此踌躇不能去。

马嵬坡下泥土中，不见玉颜空死处。

君臣相顾尽沾衣，东望都门信马归。

归来池苑皆依旧，太液芙蓉未央柳。

芙蓉如面柳如眉，对此如何不泪垂。

春风桃李花开夜，秋雨梧桐叶落时。

西宫南苑多秋草，落叶满阶红不扫。

梨园弟子白发新，椒房阿监青娥老。

夕殿萤飞思悄然，孤灯挑尽未成眠。

迟迟钟鼓初长夜，耿耿星河欲曙天。

鸳鸯瓦冷霜华重，翡翠衾寒谁与共。

悠悠生死别经年，魂魄不曾来入梦。

临邛道士鸿都客，能以精诚致魂魄。

为感君王辗转思，遂教方士殷勤觅。

排空驭气奔如电，升天入地求之遍。

上穷碧落下黄泉，两处茫茫皆不见。

忽闻海上有仙山，山在虚无缥缈间。

楼阁玲珑五云起，其中绰约多仙子。

中有一人字太真，雪肤花貌参差是。

金阙西厢叩玉扃，转教小玉报双成。

闻道汉家天子使，九华帐里梦魂惊。

揽衣推枕起徘徊，珠箔银屏迤逦开。

云鬓半偏新睡觉，花冠不整下堂来。

风吹仙袂飘飘举，犹似霓裳羽衣舞。

玉容寂寞泪阑干，梨花一枝春带雨。

含情凝睇谢君王，一别音容两渺茫。

昭阳殿里恩爱绝，蓬莱宫中日月长。

回头下望人寰处，不见长安见尘雾。

惟将旧物表深情，钿合金钗寄将去。

钗留一股合一扇，钗擘黄金合分钿。

但教心似金钿坚，天上人间会相见。

临别殷勤重寄词，词中有誓两心知。

七月七日长生殿，夜半无人私语时。

在天愿作比翼鸟，在地愿为连理枝。

天长地久有时尽，此恨绵绵无绝期。

白居易的情感世界，可以以这首著名的《长恨歌》来概括。他借唐玄宗与杨贵妃的凄美爱情故事，将唐玄宗心中那份不忍割舍却又欲救不得的矛盾与纠结融合在这婉转动听的故事中，让人欲罢不能。

此诗也灌注了白居易自己的情感，如果说唐玄宗与杨贵妃的爱情悲剧其实是一场政治悲剧引起的。那么，白居易与湘灵的爱情就是封建社会门第观念下的牺牲品。这首叙事与抒情相结合的诗，将一个回环往复的故事一层一层地向读者展示，娓娓道来，引来历代读者的共鸣与思考。

在白居易的一生中，唯一的挚爱非湘灵莫属。在封建思想盛行的唐朝，三十七岁还未成婚生子的白居易恐怕要背上不孝的罪名了。自己与湘灵这段断断续续的痴恋，也让白居易慨叹：

移根易地莫憔悴，野外庭前一种春。

少府无妻春寂寞，花开将尔当夫人。

一首《戏题新栽蔷薇·时尉盩厔》所反映的寂寥生活让多情的白居易难以忍受。

在元和二年（807 年）这个春暖花开的季节，经同僚杨虞卿介绍，白居易与杨汝士的妹妹相识在了这个明媚的春季。

初次见到杨汝士的妹妹，白居易就从心底对这个贤淑的女子有了几分好感。

于是整个春天，白居易都吃住在杨家，与杨汝士的妹妹培养出了几分暧昧的情愫。

醉中留别杨六兄弟·三月　十日别

春初携手春深散，无日花间不醉狂。

别后何人堪共醉，犹残十日好风光。

但能心静即身凉　白居易诗传

第二年春天，白居易就与杨汝士的妹妹成婚了。这场婚礼，也了却了母亲心中的一个愿望。杨汝士的妹妹虽不识字，但却温柔美丽，端庄贤淑。

白居易对妻子也比较满意。虽然她不同于湘灵，但也是个忠贞的女子。两人婚后的生活幸福美满，因为在他们看来，富贵奢华虽然能带来物质享受，却带不来家庭的幸福和美，同甘共苦才更显岁月的珍贵。

白居易也常为妻子赋诗，那首著名的《赠内子》，就是写给同甘共苦的妻子的。

> 白发长兴叹，青蛾亦伴愁。
>
> 寒衣补灯下，小女戏床头。
>
> 暗澹屏帏故，凄凉枕席秋。
>
> 贫中有等级，犹胜嫁黔娄。

由此诗可见白居易对妻子的那份真情所在。

白居易与妻子恩爱相守，但他却永远地在心中为湘灵留了一个位置。

"回眸一笑百媚生，六宫粉黛无颜色"，《长恨歌》中的这一句，不仅描绘了杨玉环的美貌，更像是白居易写给自己心中的佳人的。

在白居易的心中，那种"清水出芙蓉，天然去雕饰"的美，那份遗世独立的美好，只属于湘灵，自己对湘灵的痴爱，也被放逐在世间的长河中。

知音在侧，宜酒宜诗

在白居易的一生中，出现了许多让他无比珍惜的挚友。青年时期结识的"符离五子"、元稹，在之后由于深陷佛海之中，也结交了许多上人高僧，为他寂寞的人生增色不少。

如今，白居易步入仕途，即使已经感受到了官场中的利益勾结、尔虞我诈，但他还是希望能够结识与自己志趣相投、致力于朝中的政治改革、不忘初心的朋友。此外，他还清楚地知道，自己若要想在这个黑暗的朝廷中能有一席之地，也需要有朋友能够在朝中扶持。他深切地渴盼着，而命运也仿佛听见了他的声音，在前方仕途的路上，遇到了人生难得的知己。

白居易在担任集贤校理之后，又被选入翰林院准备接受单独考试，这是当时进入翰林院准备被提拔成翰林学士的人选的必经过程。

考试的内容对白居易来说无疑是十分简单的。他幼年时期就对诗词歌赋表现出了特有的天赋，而后又经多年苦读，因此他大可不必为了这个考试担心。结果和意料的一样，他不费吹灰之力就取得了翰林学士这个职位。

其实白居易能够有机会进入翰林院当选翰林学士，完全是因为唐宪宗对他的才华和刚正不阿早有耳闻。唐宪宗希望身边的翰林学士能够对当今的政治有自己的见解，能直言不讳地指出当今政治的弊病，帮助自己稳固朝政。

白居易初到翰林院的时候，翰林院中已有崔群、裴垍、李绛、李程、王涯五个人，白居易与他们共同组成了翰林院的六位翰林学士的组合。

其他五人之中，与白居易相识最早的是崔群，在白居易尚未进入翰林院之前，就听闻崔群的名声，两人互相仰慕彼此的才华，白居易更期望有朝一日能够与崔群切磋学问。而崔群本是山东的名门望族，又与白居易同岁，自入仕以来，深受皇上喜爱，多年在皇上身边也得到了皇上的信任。

白居易进入翰林院之后，更加深切地感受到与崔群的那份友谊。他们在做好自己的本职工作之后，就是把酒对月，吟诗作对，常抒心中感慨，在共同畅想里编织出快意的人生。

同岁的两人也有着相同的爱好，他们都对佛教有着浓厚的兴趣，尤其是南宗禅的理念，这也算得上是十分难得的缘分。两人时常同住在内廷之中，一起钻研佛法，探究当今政界的风云变幻。

正所谓知音难觅，起初白居易听到要被召回长安的消息时，对盩厔县的那些与他同甘苦、共患难的挚友们还是那样不舍。再次回到长安，深入官场之中，没想到还能遇到如此志趣相投的知音，这使他在疲于面对官场上的利益争斗的同时，能够让身心得到一个短暂的释放。

在日后追忆这段与知音间的美好时光时，白居易曾说道："顷与阁下在禁中日，每视草之暇匡床接枕，言不及他，常以南宗心要，互相诱导。"

除了崔群，其余四人也都与白居易私交甚笃。他们虽然各自的性格不尽相同，但却都是忠义之人，对朝廷和国家绝对地忠诚。而作为朋友来说，他们也都称得上是"良师益友"。

唐宪宗继位之初，王叔文一党，包括刘禹锡、柳宗元在内的提议改革的人士被革职、贬官之后，朝廷内的旧氏族崛起，宦官专权的现象日益明显。唐宪宗当时遏制改革一党实属继位之初的无奈。其次，也是王叔文一党的势力日益庞大，树大招风，却有专权之势，于是唐宪宗为稳固朝廷，不得已下令贬谪了改革一派。如今，唐宪宗再选这六人入翰林院，为翰林学士，成为自己身边最亲近的人，也是意图改革，彻底铲除朝廷中的舞弊现象，纠正官场的不正之风。翰林院的六个学士，看到当今天子如此器重自己，皆是鼎力相助。于是不久后，就出现了兴盛的趋势。

然而正在几人为朝廷改革竭尽全力时，朝廷中的宦官势力再次给他们的改革路途平添了几分阻碍，这次打击对这六个人来说无疑是沉重的。

　　唐宪宗元和三年（808年）四月初，白居易被任命为制策考官。在这一年的进士考试中，吏部官员杨于陵、韦贯之主持的"贤良方能言极谏科"的考试中，以牛僧孺、李宗闵为首的考生在试卷中对当今政治中的弊病提出了严厉的批判，言语间透露着对当朝某些以权谋私的大臣的不满，用词犀利，被考官评为上等文章。

　　复试官王涯、裴垍本就是激进的改革派，对于这样的文章，虽不至于大加赞赏，但至少不会提出任何异议，在他们心中都觉得当今的朝廷中，正是缺少了这样敢于针砭时弊、直言进谏之人。

　　这件事传至当朝宰相李吉甫那里，他看过文章后，却觉得以牛僧孺为首的几位考生有意在文章中攻击自己，抨击当今圣上的无作为而导致的政治局面一片混乱。

　　朝中的旧氏族和宦官一族本就对王涯等改革一派不满，更不会放过这次打压他们的机会。宦官一族因此事到唐宪宗那里，哭诉遭到的不公平待遇和受到的抨击，唐宪宗对宦官势力的重压表示无奈，为了顾全大局，只好将此次考试的主考官和两名复试官全部革职。白居易的好友王涯与裴垍在此次事件中受到了牵连，相继被贬出翰林院。

　　白居易看着好友被贬谪，却又无能为力，感到深深的无奈和怅然。人生本就短暂，在仕途中打拼的时间却是少之又少。一番宏图壮志，却因被贬而无处施展，这样的人生难免有些凄苦。今朝被贬，再次相聚，又不知是何年何月。

王涯与裴垍先后搬出翰林院，到被贬的地方上任去了。白居易的心又空了，偌大的长安，又少了知己与自己为伴。混杂的官场，又少了与自己并肩作战的伙伴。往昔的美好忽然被抽空，他内心深处生出一种茫然的无力感。

唯一值得庆幸的是，白居易这次作为复试的考官，没有被牵涉其中。反而被皇上钦点提升为左拾遗，仍然是翰林学士。左拾遗的官职只在八品之上，但却属于皇上身边的近臣，对皇上的某些决策还是有着不小的影响。皇上之所以在此时提拔白居易，一是以此来补偿翰林院的改革一派；二是以此打压宦官集团。

白居易深感皇上对自己的恩宠，从担任左拾遗的那一天起，就没有忘记自己的使命。作为一名谏官，他刚正不阿，始终敢于直言进谏，不辜负皇上的厚爱。同时，他要为几位被贬的挚友伸张正义，他曾毫无顾忌地为知己鸣冤，希望得到皇上的重视。

白居易就是这样一个为了朋友可以赴汤蹈火、冒死进谏的人，他知道今日的一切荣誉都因知己而得，因此为了朋友定当挺身而出，不畏奸佞，只为了自己心中的信念和理想。

白居易虽是左拾遗，但仍在翰林院担任翰林学士。每当他回到翰林院的时候，总是不禁会想起与知己们共同工作的场景，恍惚间还能感觉到挚友们忙碌的身影，只是当他回过神后才发现，一切已成空。此时的白居易内心总是无比空虚寂寥。

这年的八月二十六日，与白居易同一年进士及第的钱徽被提升为翰林学士。自从钱徽进入翰林院后，白居易似乎觉得人生又得一知己，从此寂寞的生活终于有人为伴了。钱徽时常与白居易饮酒作诗，生活过得有滋有味。

白居易在《同钱员外禁中夜直》中写到了对月神交的情境。

> 宫漏三声知半夜，好风凉月满松筠。
>
> 此时闲坐寂无语，药树影中唯两人。

自从有了钱徽为伴，让白居易一扫孤独感。每当白居易值夜的时候，钱徽总是与白居易一起探讨南宗禅，或是交流作诗的学问。那无数个万籁俱寂的夜晚，凉风好月，药树影下，他们用深情厚谊谱写了一段好梦。纵使是默默无语间，他们也总能感受到知音之间的那种情感的交流。也许，无言，亦是知己间心语在交流。

友谊的暖流与才华汇聚形成了美丽的诗篇。在寒风凛冽的冬至夜，白居易与钱徽在完成了皇上交给的工作后，温上一壶酒，诉说着心中的感慨，完全不顾窗外风雪交加，狂风嘶吼，两人心中都温存着一份暖意。于是，便有了那一首《冬夜与钱员外同直禁中》：

> 夜深草诏罢，霜月凄凛凛。

欲卧暖残杯，灯前相对饮。

连铺青缣被，封置通中枕。

仿佛百余宵，与君同此寝。

人生之交，贵在相知。白居易只求在纷繁复杂的生命中，有一知音能与他风雨同舟，不离不弃。

情寄山水，心缚朝堂

"采菊东篱下，悠然见南山"式惬意的田园生活是世人所向往的，也是白居易无数次内心寂寥时的渴望。

陶渊明在官场浮沉了几十载，最终看透了官场的险恶，决定归隐田园。从他所作的《归园田居》系列诗中，我们不难看出，他归隐后的生活确实自在惬意。他可以在东篱下随意采撷菊花，他可以静静地欣赏南山日落，他可以同倦鸟一同感受归巢的欢欣……可白居易不是陶渊明，他始终难以放下这车马红尘。

美好的风景白居易见过，而如陶渊明般超然于世的心情他却还未达到。他在少年时期就漂泊在江南，游历江南的多地，也养成了他享受四处游历的习惯。即使步入仕途，他也不忘闲暇之时四处游历，借游历的机会释放自己的身心。

纵情山水之中，白居易也丝毫不吝啬对美景的赞美，他总是将自己的感受和美景交织在一起，赋诗留在这美妙的山水之间。然而，山水再美，他却终要回到官场现实。

翰林院的几位好友被贬谪后，白居易屡次借机上书，为好友鸣冤平反，但都无功而返。其实，唐宪宗心中明白白居易的苦楚。唐宪宗本也是支持改革一派的，从他任用白居易等人为翰林院翰林学士的那一刻起，他就决心用改革改变当前朝中的污秽现状。这次王涯等人被贬的事件虽是由于宦官一族的打压，但唐宪宗也实属无奈。最初，唐宪宗争夺帝位的时候，宦官一族对他是极力支持，百般拥护。因此，在触及宦官一族的利益时，唐宪宗还是不得不牺牲改革一派，以保证时局的稳定。

唐朝政治上的斗争主体无非是宦官集团、旧贵族以及一些思想较为激进的进士领导的改革派。这三股力量长期以来影响着唐朝的政治，历代君主都不得不竭尽全力安抚这三股力量，只有这三股力量达到均衡状态，唐朝的政治才得以维持。

如今的唐宪宗也是如此，他不能任宦官集团和旧贵族肆意妄为，更无法舍弃自己的理念，完全铲除朝廷中的改革势力。这次的科考案，也为数十年后的党派之争埋下了伏笔。以李吉甫之子为首的李党和以牛僧孺为首的牛党之间斗争了十几年，而那时白居易也为自己今日维护朋友的行为付出了代价，屡遭后来得势的李党排挤。

几个月之后，淮南节度使王锷入朝，向唐宪宗求取宰相一职。此前，白居易就已得知他与宦官一派私相授受，以巨额钱财贿赂宦官，而且此人的人品甚是卑劣，实在不配为宰相人选。

作为左拾遗的白居易立即向唐宪宗上书进言：宰相官居大臣

但能心静即身凉 白居易诗传

中的首位，若不是为国家立过大功的人，千万不能轻易将此职位授予其，而现在求此官职的王锷，不但没有对朝廷有过功绩，而在他任职节度使的过程中，多次搜刮民财，还为了官职向朝中重臣行贿。

唐宪宗在看过白居易言辞恳切的谏书后，采纳了白居易的意见。只是给了王锷一个检校司徒，将他打发到山西去了。

打发走了王锷，一些藩镇的旧贵族不断地入朝向唐宪宗邀官，他们需要的不是徒有虚名的官职，而是朝中的实权。

唐宪宗看到旧氏族的势力日益庞大，若不打压，恐怕要危及自己的江山。然而为了平衡朝中的势力，他又不能对旧氏族的势力大肆打压。因此只能另想计谋，最终他采取了扶植进士力量的方法。

唐宪宗认为，此时扶植的这些进士力量，日后必会忠心于他。进士势力的崛起，也就代表了朝廷中改革风潮的再起。于是他重新任用了之前因科举案被贬谪的裴垍，并提升为宰相，韦贯之也被重新任用为都官郎中。这也为白居易日后的从政之路营造了一个很好的政治氛围。

重回长安，已经入朝几个月的白居易再次历经了尔虞我诈，各个政治集团间互相打压，让人深感人心险恶、身心俱疲。此时的白居易官职虽不算高，但在短时间内能得到皇上的赏识和信任仍然让他觉得欣喜。他也在用实际行动践行着自己"穷则独善其身，达则兼济天下"的理念。

身处官场的白居易无比怀念自己年少时在祖国的山河间游走的经历，那种自由自在的感觉是今日的他可望而不可即的。当他深陷纷繁的政治斗争中，而且随时有可能成为政治集团间斗争的牺牲品时，他就感觉自己的生活是如此悲哀。他被紧紧地包裹在了政治中，举步维艰。

面对官场上的污浊不堪，白居易急于到山林间去释放心中的苦闷，找回最初的自己。但此时他公务缠身，根本无暇去寄情山水，这或许只能成为他的一个美好的理想罢了。梦过了太多次，就缠绕成了心结。幸而，他在佛理中找到了指引。

白居易曾深受南宗禅的影响，从生命的沉浮中参悟到人的烦恼和厌恶皆出自内心。内心静则烦恼消，内心乱则烦恼现。自己其实无须归隐山林，只要保持内心的平静，一切烦恼都会消失的。

白居易在感悟到了这些之后，时常在内廷中反省自己。内廷中的工作十分清闲，于是这里就成了白居易修身养性的好去处。

内廷是白居易在工作中的一个修身养性的地方，而自己的小家却是工作之余最惬意的所在。家中的宁静和温馨是他繁杂官场生活中的一眼清泉。于是，白居易在疲乏谨慎的官场和温馨的家中来回奔走，有感而发写下了一首《松斋自题》：

> 非老亦非少，年过三纪余。
>
> 非贱亦非贵，朝登一命初。
>
> 才小分易足，心宽体长舒。
>
> 充肠皆美食，容膝即安居。

况此松斋下，一琴数帙书。

书不求甚解，琴聊以自娱。

夜直入君门，晚归卧吾庐。

形骸委顺动，方寸付空虚。

持此将过日，自然多晏如。

昏昏复默默，非智亦非愚。

　　生活的无常在官场的浮沉中体现得淋漓尽致。即使这样，白居易还是保持着他那颗赤诚之心，不因外界的变化而有丝毫动摇。

　　岁月在他的生命中不止留下了美丽的痕迹，一番起伏之后，那段经历才让其刻骨铭心。他在生命中体会着人生况味，苦乐交织，徐徐前行。

泼墨长空，宠辱不惊

花非花，雾非雾。

夜半来，天明去。

来如春梦几多时，

去似朝云无觅处。

白居易的这首《花非花》所说的正是禅者的心境。这首诗禅味浓厚，可以说句句是禅，字字是禅。白居易作此诗时，或许正因看破了禅中的真谛。清静无为，便是禅者心中最纯净的世界。即使身处繁华深处，一时得意，也要记得，眼前的花与雾都是空虚不实的，好似那春梦般短暂，不可追寻，捉摸不定。

只是人生两面，白居易一面在佛理禅宗中找到了解脱，却还有一面始终牵着红尘事。因此，他在超然洒脱和仕途理想中两面奔波。

在白居易做好谏官的本职工作之时，也不忘关心民生疾苦。少年时期兼济天下的理想至今他仍谨记于心，对于下层百姓的苦痛，他也是相当了解的。

李绅本是秘书省的校书郎，在从南方回到长安这一路上，被下层百姓不堪的生活状况所影响，于是结合自己多年的感受与见闻，写下了二十首组诗，题名为《乐府新题》，元稹也为其和诗十二首。这其中的每一首诗，都是根据当时真实的案件有感而发。

白居易得知此事后，阅读了两位挚友的诗，也有感而发，和诗十首，作为一个组诗，取名《秦中吟》，但因为反映的事实比较片面，所以经过扩充后，定名为《新乐府》。

白居易对所作的组诗相当重视，因为其中反映了当时社会各方面的弊病，无论是军事、政治、民情，还是文化，一应俱全。并且这里的每一首诗都会描述一个主要事件，可谓一诗一事。每首诗又都饱含了白居易的感情，充斥着白居易的热血，叙事与议论相融合，又可谓一事一议。其中著名的有《卖炭翁》：

卖炭翁，伐薪烧炭南山中。满面尘灰烟火色，两鬓苍苍十指黑。卖炭得钱何所营？身上衣裳口中食。可怜身上衣正单，心忧炭贱愿天寒。夜来城外一尺雪，晓驾炭车辗冰辙。牛困人饥日已高，市南门外泥中歇。翩翩两骑来是谁？黄衣使者白衫儿。手把文书口称敕，回车叱牛牵向北。一车炭，千余斤，宫使驱将惜不得。半匹红纱一丈绫，系向牛头充炭直。

白居易还亲自为《新乐府》作序。序曰：

凡九千二百五十二言，断为五十篇。篇无定句，句无定字，
系于意，不系于文。首句标其目，卒章显其志，《诗》三百之义也。
其辞质而径，欲见之者易谕也。其言直而切，欲闻之者深诫也。
其事核而实，使采之者传信也。其体顺而肆，可以播于乐章歌曲也。
总而言之，为君、为臣、为民、为物、为事而作，不为文而作也。
元和四年，为左拾遗时作。

　　白居易所作《新乐府》时，正是他被宪宗重用的时期，可以
说是春风得意，他可以借此机会真正实现自己兼济天下的理想。
为了将百姓疾苦、世间弊病说与皇上听，他甘愿被人唾弃，被亲
友讥讽。而他明白自己所述的事实也将触及某些权贵的利益，但
他却对这些毫不畏惧。他对着长空泼墨，定让那些欺压百姓、胡
作非为之人为之胆怯。

　　白居易就是这样，虽然在官场打拼多年，但仍与许多做官的
文人雅士不同，他始终保持着自己的原则，不忘初心。

　　天下人都有"穷则独善其身，达则兼济天下"的理想，但大
多是注重兼济天下，然而仕途不顺的时候，才想到独善其身。白
居易与这些人不同的就是始终懂得这两者之间的平衡，无论是
"达"还是"穷"，他都不忘要保持一种平稳和谐的心态，这也与
他多年来潜心修炼佛法有着密不可分的关系。

　　这一年，白居易不仅在官场上得到重用，忙得如火如荼，家
中也传来喜讯，夫人为他生下了一个女儿。三十八岁的白居易初

但能心静即身凉 白居易诗传

为人父，高兴得手舞足蹈。此后，他的生命中又多了一种新的期待。

由于《新乐府》的面世，白居易受到了世人的称赞。然而此时的另一件事，又让无数人为之敬仰。这年的九月，成德军的节度使王承宗用兵将保信节度使薛昌朝掠到了河北保定。此事传到唐宪宗这里，他立刻传谕派兵去解救薛昌朝，并且将所属王承宗的德、棣二州割去。王承宗听到这个消息后，拒不从命。于是唐宪宗大怒，削去了他的官爵。

十月，唐宪宗下诏，任命吐突承璀为左神策军护军中尉，率军征讨王承宗。朝中文武百官听闻此诏书，无不为之惊讶。吐突承璀原本就是唐宪宗为太子时，东宫中一个侍奉太子的小太监，因为长期侍奉而在唐宪宗身边得宠。现在朝廷派兵征讨藩镇，却要派一个太监作为首领，如此荒唐之事，朝中大臣怎能坐视不管。若派吐突承璀去，则会让世人嘲笑大唐无可用兵打仗之人。

于是御史言官纷纷上书唐宪宗，白居易作为近臣，自然是义不容辞。他上书表明自己的态度：军事大权，乃是关系到国家的安危，祖训有言，绝不能允许宦官执掌军事大权。如今对吐突承璀委以重任，必定会使藩镇嘲笑我朝无人可用，定有反叛之心。也恳请皇上不要自毁圣明，违背祖制，取笑后世。

白居易直面唐宪宗的宠臣，无畏日后会遭到排挤，只求心中无愧。于是，在白居易等人的合力劝谏下，唐宪宗最终还是削去了吐突承璀的四道行营兵马招讨使之职，改为招抚宣慰使。白居易的这一举动，得到了人们的赞扬。

身处繁花深处虽可以领略到他人不曾经历的风景，但眼前的美景却随时可以迷惑双眼，让人为之沉迷而不能自拔。聪明的白居易懂得宠辱不惊，时刻都保持着一份平和的心态，去面对仕途风雨。

慈母离世，爱女夭折

隆冬中的狂风卷起层层雪花，瞬间将它们抛向空中，"千树万树梨花开"的景象似虚似幻，宛如仙境。

人们对风雪的描写和感受，大多因为心境不同而各异。对于世间的一个普通百姓而言，寒冬中的一场瑞雪，自有吉祥之意，象征着来年的丰收。但元和六年（811 年）的一场风雪，对自幼饱经风霜、半生历经苦难的白居易来说，又意味着人生中一场新的转折，尽管他已经在佛法的沉淀中变得波澜不惊了。但这一场风雪的到来，既带来了官场上的风云突变，也让白居易静若一潭清泉的心中，再次泛起了涟漪。

春节的喜庆气氛还没有散去，人们还沉浸在欢欣的余温中。一场及时的大雪此刻又降临到了长安。繁华的古城，成了银装素裹。

这场风雪让白居易感受到了这一年，似乎将要随着这狂风暴雪变得不再平凡。长安城内风云变幻的政治并不似这雪中的长安城那般安静寂寥。不久后，朝廷中就传出消息，曾被改革派打压、被贬谪的李吉甫，重新得到朝廷的任用。

李吉甫的重新回朝，必然会掀起政界的一番风雨。李吉甫本就对当年"科举案"中改革派的所作所为耿耿于怀，如今他再次回朝，大有死灰复燃之势，同时昭示着旧贵族的崛起，因此必然会对白居易等改革派人士有所行动。

白居易明白，他的仕途前景并不乐观，自己早晚会成为这场集团之间利益争斗的牺牲品。而对于贬谪，他毫无畏惧，只是苦于自己会无奈卷入这场争斗，多年来的努力与拼搏就在一朝一夕间付诸东流，自己"兼济天下"的抱负或许在余生都无法实现，种种感慨都让他不禁唏嘘。

本就沉迷于神仙学说的唐宪宗又对佛学产生了浓厚的兴趣，他命令谏议大夫孟简和右补阙萧俛等人到丰泉寺去，将般若翻译过来的那部《大乘本生心地观经》进行再度润色及翻译。不久，几人就带着新译好的经书回到了朝中。

唐宪宗看后，喜不自禁，重赏了这些人。自此之后，唐宪宗长期迷恋佛教，甚至到了痴迷的程度，深陷其中，不能自拔。

这年的三月三十日，检校右仆射严绶因长期依附在宦官集团中，终于在这一年被提升为江陵尹、荆南节度使。

白居易对此人的行为及背景早就有所耳闻，觉得他根本无力担任此职位，如此草率的晋升，对于朝中的政治及黎民百姓，都

但能心静即身凉 白居易诗传

是百害而无一利的。因此，白居易向唐宪宗上书，痛陈弊病。但此时沉迷于佛学的唐宪宗，对白居易的上书毫无反应，仍然坚持最初的决定。

白居易看到自己的上书没有任何作用，对朝中的形势感到万分迷茫，对自己的仕途也感到无比担忧。他心中抑郁难耐，再次回到佛学中寻求出路。

心事重重的白居易在这一年的四月再次遭受了人生中的一个重大打击。

那一日，在朝中忙于政务的白居易突闻噩耗，母亲在长安的家中投井自尽了，享年五十七岁。白居易无法相信这是真的。

母亲年幼丧父，幼年随着母亲回到娘家过着寄人篱下的生活。苦难的生活似乎早已在她的生命中埋下了种子，并且生根发芽疯长起来。好不容易熬到了出嫁的年龄，母亲又被家庭安排到了一场不幸的婚姻中，本来万念俱灰的母亲在白居易出生的那年，终于看到了人生的希望。随着白居易跟弟弟白行简都苗壮成长起来，小弟金刚奴又顺利降生，给了母亲莫大的安慰。

但命运就是如此无情，一次又一次地让这个女人在欢喜之后迎来莫大的锥心之痛。白发人送黑发人，金刚奴的离世，让精神上本就不堪一击的母亲彻底崩溃。然而悲剧还在接二连三地上演，刚刚从丧子之痛中走出的母亲，之后不久又经历了丧夫之痛。

本就身有疾患的母亲患上了精神疾病。白居易为官后，多处寻访名医，也尝试过许多名贵药材，但母亲的病仍然不见起色。母亲一旦发病，就想自杀，但多次都被人救下。

白居易由于平日里公务繁忙，对母亲疏于照顾，为了提防母亲出事，他找了几个身强体壮的婢女日夜看护母亲。但他没有想到，母亲还是在婢女没留意的时候，投井自杀，走向了她所期许的解脱之路。这让白居易悲痛之余更多的是内疚和自责。母亲悲苦的人生片段，都向他潮涌而来。

年幼时，母亲日夜呵护，亲自教他执笔写字、识字赋诗。少年时期，他虽是因躲避战乱而南下，但在江南的那段时间，也多是纵情山水，对于家中的事情未曾过问，没有为母亲分担家庭的重担。他入仕之后，又深陷官场的争斗之中，对于官场之事的思虑远过对生病的母亲的照顾。

白居易无数次设想，如果能再给他一次机会，如果他对母亲多一些照顾，如果只是改变命运中某一个转折，如果……无数种假设的可能性在他的脑海中飞过，可关系到生命时，再多的假设都是惘然。如今，他能做的，也只有回忆，怀念，悲伤……

白居易考虑到将母亲真实的死因公之于众不免会遭到世人的议论，便对外宣称母亲是在后院赏花时，不慎坠井身亡的。他给了母亲一个美丽伤感的终点，带着花的芬芳离去。

母亲像风一样离去，抽走了所有的疼爱。白居易仿佛被掏空了灵魂，无心为官。带着内心不安的谴责，他与弟弟白行简纷纷辞官，历经了一路颠簸，才和弟弟将母亲的灵柩平安运至故里，带着对母亲最后的一份哀思，埋葬了母亲。

从此，他们也开始了丁忧守孝的生活，以此表示对母亲的最后一份孝心。此后，白居易便深陷于母亲离世的痛苦中，久久不能自拔。

这次回家丁忧，对白居易来说，未尝不是一件幸事。李吉甫再次回朝，使得朝中风云突变，白居易此时辞官，恰好避免了不必要的争斗和无谓的牺牲。从听闻李吉甫回朝的那天起，他就预感到一场政治悲剧是在所难免的。也是从那时起，白居易有了退隐的想法，如今正是一个恰当的时机。

其实，白居易的退隐之心并不是对官场生活的逃避，而是他从佛法中领悟到，佛说："纠结于自我，就是一切烦恼的根源，就是万恶之源。"一切的烦恼都是因过度纠结于"自我"这个本身。由于时常无法满足对欲求的追逐，所以烦恼随之产生。白居易从中感悟到，只有忘却"自我"才能使身心得到真正的释放，才能获得真正的幸福。而在明争暗斗的朝廷中，经历许多身不由己使他很难忘却"自我"，也就难以寻找真正的快乐。

白居易的眼前晃动的尽是欲望和权谋的纷争，尽是政治的灰暗和百姓的疾苦。纵使闭上双眼，那些画面依旧会在脑海里一一浮现。他难以控制悲悯的心，便只有逃离这个世界。这时，也只有退隐才能让白居易感到片刻的安宁。

其实在《隐几》的诗中早已流露出了他的归隐之意：

身适忘四支，心适忘是非。

既适又忘适，不知吾是谁。

百体如槁木，兀然无所知。

方寸如死灰，寂然无所思。

今日复明日，身心忽两遗。

行年三十九，岁暮日斜时。

四十心不动，吾今其庶几？

历尽人世沧桑后，白居易心已成灰。当望着岁暮斜阳之时，他又怎会不心生感慨。人生迟暮后，宁静才是最大的渴望。

白居易在少年时期就四处游历，多处漂泊，形成了狂放不羁的性格。这种豪放的性格，虽可以直言不讳地指出朝中的许多弊病，深得皇上的喜爱，但大多数时候，这种性格带给他的或许是政治上的灾难。

对自己的这种性格的利弊，白居易也是深知的，但他并不会改变。他曾在《自题写真》一诗中这样做了自我评价：

我貌不自识，李放写我真。

静观神与骨，合是山中人。

蒲柳质易朽，麋鹿心难驯。

何事赤墀上，五年为侍臣？

况多刚狷性，难与世同尘。

不惟非贵相，但恐生祸因。

宜当早罢去，收取云泉身。

人们可以逃离眼前的世界，但却始终逃离不了心中的呐喊。心之殇唯有面对，等着时间将爱与痛风干。

时间是一把锋利的刀，可以催老容颜；时间是一剂良药，可以冲淡一切的悲伤。白居易在安葬了母亲之后，逐渐地从悲伤中走了出来。他不再执着于自我，开始在乡间的生活中找寻人生的乐趣。

多年来在官场中的钩心斗角、尔虞我诈，使得白居易的精神时刻都处于紧绷的状态之中。当初的豪放不羁、无所顾忌，如今被言行谨慎、小心翼翼代替。行走在官场中的他，好似身陷牢笼一般，说什么、做什么都不能够全然随心，早就没有自由可言。虽然他没有趋炎附势，白居易却觉得他一点点地在官场中迷失了自己。

白居易常在佛教中沉淀自我，同时也对"富贵"一词有了新的理解。"富贵"，是得到的时候让人无比志忑，失去的时候又让人追悔莫及的东西。而人们的一生大多是在追随它的过程中不断体会从满足到失望的。白居易既然已经看透了这些，自然希望归隐山林，因为在山林中的生活是无数官场之人羡慕和渴望的。

白居易退隐的时候正值初夏，没有烈日当头，却有清风徐徐。那也是乡间的景色在一年中最美的时刻，远远望去，总是一片生机、一片祥和。他的心已经很久都没有这样平静过了。如今看来，应该算是因祸得福。

白居易初到此地的时候，身体本不是很好，但几个月之后，或许是因为这里的景色让人心旷神怡，也或许是逃离了厌恶的官场，白居易的病竟然奇迹般地大有好转了。

康复后的白居易日日在乡间品茶作诗，恬适的状态不言而喻。他感到生命中仿佛注入了一股新的力量。到这个时期，心情放松了许多的白居易所作的诗，也多了几分活力与趣味。

> 渭水如镜色，中有鲤与鲂。
>
> 偶持一竿竹，悬钓在其傍。
>
> 微风吹钓丝，袅袅十尺长。
>
> 谁知对鱼坐，心在无何乡。
>
> 昔有白头人，亦钓此渭阳。
>
> 钓人不钓鱼，七十得文王。
>
> 况我垂钓意，人鱼又兼忘。
>
> 无机两不得，但弄秋水光。
>
> 兴尽钓亦罢，归来饮我觞。

这首《渭上偶钓》让人们感受到了白居易确实因归隐山林而使得心态有所改变，他不再计较得失，而在山林中逐渐忘却了世界，忘却了自己。他可以安静地垂钓，在垂钓的过程中，白居易不在意自己钓了多少鱼，甚至忘却了自己是否在钓鱼，只是沉浸在这闲适的氛围中，尽享微风轻拂，惬意地饮酒品茶，观览山水风光……他在享受着世间带给他的美好。

在此次丁忧期间，白居易再次想起了杳无音信的湘灵，虽然时隔多年，但是那份爱依旧缠绵在心中，仍未散去。于是，思虑满心的他赋了一首《夜雨》：

早蛩啼复歇，残灯灭又明。

隔窗知夜雨，芭蕉先有声。

夜雨若隐若现，漫漫长夜他却始终无眠，白居易又陷入了深深的思念。他思念着湘灵，追忆着他的感情。但此时的他已经年近四十，早已成婚，也多年未有湘灵的音讯。白居易对湘灵的思念，可以用偏执来形容。在婚后，白居易虽对妻子体贴入微、百般爱护，但仍然无法释怀他的初恋。

这一年的那场风雪，似乎在白居易的生命中并未停止。这一年，注定让白居易的生命变得不安稳；这一年，也不止一次地给白居易带来锥心之痛。

刚从母亲离世的悲痛中走出来的白居易，又听闻了可爱的女儿夭折的消息。他仿佛觉得，呼吸都是那样痛彻心扉。

女儿的病来得凶猛，只有不到十天的时间，就被这突如其来的病魔带走了，而此时的白居易并没有在她的身边。

白居易三十八岁的时候才得到这个宝贝女儿，自然是爱护有加，视为掌上明珠。然而他没有想到，上天竟让他的女儿只在人间匆匆地走了一遭。如今女儿走了，也带走了他对人生刚刚燃起的那一点点希望。

心痛的白居易再次将自己置身在佛理经文中，他认为此时也只有从佛学中才能寻求解脱。

佛法虽有开导规劝之用，但也并非万能的。白居易虽然相信人生无常，生死都无须看得太重要，可是至亲之人的离去却不免让他伤心憔悴，一夜之间头发白了大半，牙齿也掉了几颗。四十岁的人，却已是一副未老先衰的样子。之前所有平静的心绪全都被打破，他再一次尝到最苦的生离死别的味道。

命运急转而下，他的生活变得一片灰暗。由于辞官在家，白居易没有了经济来源，生活水平及居住条件也大不如前，昏暗的房间让沉浸在书海中的白居易很快就觉得眼睛昏花，视力大不如前。

白居易时常依靠酒来麻醉自己，以此来忘却痛苦。可是心中抑郁，久积成疾。久而久之，白居易一病不起。

年仅四十的他，已经经历了多位至亲的离世，而官场的争斗也使他既厌恶又无奈。只能说这一年的风雪带给他太多的不幸了，身陷风雪中的他，却只能独自一人承受着这人生的苦闷。他在回忆里，寻找生命中曾经闪过的快乐与温存。他在未来里，幻想着那些至亲可能会出现的样子。那万般痛苦，不可言喻。

寄心佛法，遁身江湖

　　白居易年轻气盛的时候曾怀有满腔热血，梦想着能一呼百应。而如今已无斗志再高歌，心事也不知能说与谁人听。久而久之，孤独寂寞竟然成了寻常滋味，那些想留却留不住的人、那些想忘忘不掉的伤，会在寂静的黑夜里，啃噬着他的心。

　　白居易面对痛苦时，暗暗希冀能够一觉醒来烦恼尽消，一切都不再重要。对镜梳妆时，看到自己徒增的白发，也不再伤感遁入山林，任世间人情冷暖，愁苦与悲伤都轻轻抛却，将一切都烟消云散在凄冷的寒风中。然而，那只是一种无能为力的渴望罢了。他在佛家"无生无灭"以及无常的思想中，逐渐放逐了自我，从失去女儿的悲伤中走了出来。从此，他更加沉迷于佛教，觉得只有这样才能将他从痛苦中拯救出来。他也将那颗曾经热情如火，如今却冰冷绝望的心，寄托在这佛海中。

　　白居易的病情刚见好转就时常到当地的一个寺庙中去小住，那里也有他取之不尽、用之不竭的精神食粮。只有那里才能让他暂时忘掉生活曾带给他无尽的苦难，让他卸下痛苦的包袱。

佛寺中的生活让白居易感到惬意和自在，没有了车马喧嚣，没有了俗世纷扰，只有山林的飞鸟、山寺的钟鸣和袅袅的经声，所有的一切都在悄无声息地涤荡着人的灵魂。身处如此情境，白居易更觉心旷神怡。情不自已时，他还曾赋诗《兰若寓居》：

> 名宦老慵求，退身安草野。
>
> 家园病懒归，寄居在兰若。
>
> 薜衣换簪组，藜杖代车马。
>
> 行止辄自由，甚觉身潇洒。
>
> 晨游南坞上，夜息东庵下。
>
> 人间千万事，无有关心者。

官场中的名利追逐和尔虞我诈，让在朝为官多年习惯了慵懒生活的白居易感到厌倦。此时的他只想退隐山林之间，身穿粗布衣裳，远离尘嚣与车马之声，在山林间拄杖前行。

白居易每日清晨从家中出发，在南坞上游玩，悠闲地度过一天后，夜晚就暂住在寺庙中。千年古刹的宁静让他瞬间觉得远离了尘世，远离了痛苦。人间的一切痛苦和争斗都与他无关了，他只专注于此刻的享受中。

宁静的古刹让白居易的生活多了几分悠闲，心情也逐渐好了起来。但离开长安多时的他，也十分惦念朝中的朋友。他知道，身在官场有诸多无奈，即使他们无心争斗，也会无奈地被卷入政治的风雨中，因此白居易对朋友们的安危十分担忧。

白居易如今远离官场在此静修，对佛法有了新的认识，此时迫切地需要一个志同道合的知心朋友，来听他阐述对佛法的感悟。而上天仿佛听见了他内心的祈祷，这年的七月，老友元稹恰如及时雨般来到了白居易的身边。

盛夏的七月，酷日的焦躁并未扰乱在此清修的白居易，反而是自己日夜思念的挚友元稹的到来，打乱了他原本平静得有些单调的生活。元稹此次到来，是听闻了白居易的母亲去世的消息，特地来此凭吊悼念的。

元稹当年丁忧在家的时候，白居易的母亲对他无微不至的照顾让他至今难忘，并且感动不已。如今白母去世，他也十分心痛，特意写下了一篇祭文，文中字字恳切，情真意切。

白居易带着元稹凭吊了母亲之后，两人走在乡间小路上。白居易向元稹询问了近况，得知元稹在妻子韦丛去世后，至今未再娶。

白居易有些讶异，一方面是因为元稹与自己是相识多年的朋友，他非常了解元稹的性格。元稹虽然这些年为了自己的理想而不停地在官场拼搏，但仍然掩盖不了他狂放多情的性格。年少轻狂的元稹与崔莺莺的那段爱恋，至今仍在街头巷尾传诵。然而元稹与崔莺莺的感情并没有一个幸福的结局。元稹最终与妻子韦丛相识，并结为夫妻，婚后琴瑟和谐，相濡以沫。而命运仿佛是嫉妒这个多情的才子，夺走了韦丛的生命。妻子离世后，元稹十分伤心。

白居易觉得，向来风流倜傥而又多情的元稹为了妻子两年未再结识任何女子，这是相当难得的，也可以从此看出元稹对妻子的一片真情挚爱。但另一方面，白居易希望元稹能早日找到一个真心相爱的人，来照顾他的起居，慰藉他孤苦的心灵。

元稹在此地停留的这些天，白居易与其彻夜促膝长谈，从古聊到今，从追忆幼年的初次相识到畅谈成长与生活中的心酸，句句见真情。诸多的回忆，如清泉般一涌而出。白居易也可一吐许久以来心中的郁结。

时光总是短暂的，转眼间便要上演离别。在命运的汪洋里，他们只能匆匆聚散，然后独自前行。

白居易在送走了元稹后，开始考虑自己的事情，他认识到自己不能再如此整日沉迷佛法，庸庸碌碌地过活，他该为自己的生活做一些打算了。

离世的各位亲人，分别葬在了不同的地方，生时就因战乱而不得不骨肉分离，死后也不能魂归故里，各自分散。想到这些，他深感自己有责任让亲人团圆。

于是，白居易带着多病的身体，在多地辗转颠簸，更不惜远道至襄阳、新郑等地，为的就是将亲人们的灵柩迁至故里，与母亲的灵柩团聚。他还借此机会通知了大哥白幼文回到故里相聚。十月初，大哥就从符离来与白居易会合了。

在大哥的帮助下，十月八日这天，白居易将离世亲人们的牌位按顺序排好并下葬。这件事弥补了白居易多年的遗憾，也是日后被世人称赞为极尽孝道的佳话。

迁坟之后，大哥就留在了白居易的家中，与他一叙多年未见的手足之情。的确，自从白居易做官以来，一直忙于政务，就少与大哥联络了。虽然偶有几封家书往来，但不足以抒发想念之情。此次借迁坟一事，让大哥来家中小聚，实在让白居易兴奋不已。

相聚的时光总是短暂的。两个月后，大哥由于政务缠身，不得不启程回家。

白居易与大哥分开的这天，是十二月中旬的一天。大雪漫天，北风呼啸，本就不晴朗的天空此刻又被狂风搅得多了几分浑浊，此情此景渲染着离别的情绪。如果是平时，看到漫天飞舞的雪花，白居易定会极尽赞美地写入诗中。而今日的他，心情却是格外沉闷。离别总是伤悲的，白居易不舍与大哥的分别，顶着风雪将大哥送到了村口。

大哥知道白居易的身体不好，于是多次劝白居易回去。到了村口，大哥终于不忍看到虽比自己年幼很多，如今却满头白发的白居易颤颤巍巍地在风雪中继续行走，于是在村口就与他挥手作别了。

白居易看着大哥远去的身影，感慨万千，心中割舍不断的痛苦化作一首《送兄弟回雪夜》：

> 日晦云气黄，东北风切切。

时从村南还，新与兄弟别。

离襟泪犹湿，回马嘶未歇。

欲归一室坐，天阴多无月。

夜长火消尽，岁暮雨凝结。

寂寞满炉灰，飘零上阶雪。

对雪画寒灰，残灯明复灭。

灰死如我心，雪白如我发。

所遇皆如此，顷刻堪愁绝。

回念入坐忘，转忧作禅悦。

平生洗心法，正为今宵设。

离别多苦，却成了白居易生命中常常上演的故事。那些亲人在他的生命中走走停停、去去留留，让他尝尽了别离的苦味。

白居易将兄弟的分别之情也寄托在了佛法中，虽然与兄弟的分别让他痛心不已，但想到佛学中的无常和一切的痛苦终究化为幻灭的思想，他再一次感受到了心灵的解脱。痛苦都随着打坐入定而遗忘，忧伤和烦恼也在研究禅学的过程中被抛诸脑后。静心之后，一切归于平静，心中也顿时觉得舒畅了。可是矛盾也随之而来，因为他带着佛心恋着红尘。朝中政事，他始终未能忘却。

白居易离开官场一年多了，日日沉浸在寺庙与佛学之中，让他对官场的争斗有了更清楚的认识。也许是因为白居易如今作为一个局外人，也许是有了一个较为闲适的心态，他对官场中扑朔迷离的局势似乎有了一些新的见解。

　　这年的冬天，挚友裴垍病逝。对于裴垍的悲剧，白居易早有预感，因为从裴垍再次被召回，并不断遭到排挤后，也就注定了他总有一天会成为这集团力量争斗的牺牲品。再加上裴垍自己的性格本就比较要强，遭受了一次贬谪已经是人生无法忍受之痛了。如今裴垍再次被驱逐，急火攻心导致中风，最后抑郁而终。

　　裴垍病逝后，唐宪宗发现进士集团中已经很少有人敢直言进谏了。或许是知道了裴垍的悲剧，或许是被朝中各大集团的压力所逼迫。而此时李吉甫的势力范围不断扩大，唐宪宗怕自己的地位不保，于是将进士集团中的李绛升为宰相。

　　李绛曾与白居易同在翰林院为官，是白居易的挚友之一。他十分了解李绛，李绛是一个刚正不阿之人，对自己认为对的正义之事，敢于直言，从不退缩。而在与李吉甫领导的旧贵族集团的争斗中，从来都不曾让步。虽说如今奸佞横行的朝中需要这样敢于直言的人，但白居易却十分担心李绛。由于有了裴垍的先例，进士集团的人为了保全自己都会有所保留。李绛此时顶风而上，而如此执着的他，总有一天会再步裴垍的后尘，成为政治集团争斗的又一牺牲品。

　　白居易得知此事后，一面为裴垍的逝去而痛心，一面又为风口浪尖的李绛担忧。如今远离官场的他，也为自己能及时脱身而长舒了一口气。

白居易曾经多年苦读，虽说是为了有朝一日能实现自己的理想，但大多也是为了对名利的追逐。既然此时明白了这一切，那么今后也无须再在做官这条道路上苦苦追逐了，现在这种精神上的自由才是真正的富足啊！

古今政坛中，多少文人因朝中的争斗被打压。他们都曾满怀理想，对官场充满了希望，而身入其中之后才发现，世间最复杂、最阴险的争斗其实就在这官场之中。

无辜成为牺牲品的还有谢灵运、鲍照等人，白居易此刻只觉得能够远离这险恶的官场，是自己幸运所在，于是赋诗记录了此刻的心情。

适意二首
其一

十年为旅客，常有饥寒愁。

三年作谏官，复多尸素羞。

有酒不暇饮，有山不得游。

岂无平生志，拘牵不自由。

一朝归渭上，泛如不系舟。

置心世事外，无喜亦无忧。

终日一蔬食，终年一布裘。

寒来弥懒放，数日一梳头。

朝睡足始起，夜酌醉即休。

人心不过适，适外复何求。

其二

早岁从旅游，颇谙时俗意。

中年忝班列，备见朝廷事。

作客诚已难，为臣尤不易。

况余方且介，举动多忤累。

直道速我尤，诡遇非吾志。

胸中十年内，消尽浩然气。

自从返田亩，顿觉无忧愧。

蟠木用难施，浮云心易遂。

悠悠身与世，从此两相弃。

白居易从容地与世事两相弃，归于田亩间，而那些曾经的无奈在今时看来，可算得上生命的厚待了。时光与沧桑，让他看透了另一番真切的生命面貌。曾经怅然，今时豁然，如此，已该算得上是万幸。

躬耕陇亩，惬意快然

从前未入官场之时，白居易或许可以自诩自己风流倜傥。但官场沉浮多年，好似身陷牢笼，让他渐渐褪去了豪放荡然之气。如今白居易再回山林之中，好似鸟归山林，虽然他外貌上已如垂暮之人，但思想上早已自由，灵魂上早已解脱。

山林中的归隐生活，日日粗茶淡饭，年年粗布衣裳，但却是十分适意的，因为心灵上的安稳，好过一切荣华加身。他的心中没有争斗，没有担忧，更没有愧疚。

到头来，白居易才明白，他一生追求的，其实就是最初拥有的。他此生所做的一切不都是为了追求适意而为，所做的一切只为问心无愧。当他归隐之时，便是真正求而所得之时。

白居易因寄居寺庙多日，在佛学的感悟下，心情也平复了很多，身体自然也好了不少。白居易想到这些年在官场中，忙于公务，其他的事情都搁浅了。而自己豪放不羁、刚正不阿的性格，也不知得罪了多少朝中权贵，被多少人视为眼中钉。现在既然有机会

但能心静即身凉 白居易诗传

退隐，自己自然不能放过任何游玩的机会。于是，身体有所好转的白居易在家中坐立难安，在听说了蓝田县有个著名的蓝田山后，就迫不及待地想要去游览。

蓝田山坐落于县城的东南三十里处，也被当地人形象地称为"覆车山"。此山较为低矮，无法与三山五岳相提并论，因此并不为多少世人所知。

蓝田山四季景色宜人，山峰虽不算高，但挺拔峻峭，又因此时正值夏季，山中百花争奇斗艳，景色如画，让人不由得心生向往。

几天后，白居易就带着一名当地的向导去往蓝田山了。由于白居易常年体弱多病，他刚到山脚下，就觉得身体虚弱，无力爬山了。于是，白居易不得不在山脚下住了下来，并在此地留下了一首诗《游蓝田山卜居》：

> 脱置腰下组，摆落心中尘。
>
> 行歌望山去，意似归乡人。
>
> 朝踯玉峰下，暮寻蓝水滨。
>
> 拟求幽僻地，安置疏慵身。
>
> 本性便山寺，应须旁悟真。

这正是当时的情境与心境的完美表述。白居易脱下了腰间的丝带，拨落心间的尘埃，向山间放声高歌，那种意境好似一个归乡之人，心中独有那份享乐与幸福。他首先向玉峰前进，暮色时寻着蓝水之滨的源头走了回去。他将自己所有的情绪都放逐在此地，这里，不就是他梦中曾无数次回眸的那个优雅僻静之地吗？

在蓝田山游玩的时候，他曾听向导提起当地有个较大的寺庙，名为悟真寺。白居易自然不会放过游览寺庙的机会，因为这也是他近距离接触他所痴迷的佛学的机会。但白居易虚弱的身体却成了他去拜访悟真寺的阻碍，在距离悟真寺还有一段山路的地方，白居易就因身体不适而无法前行了，向导只好搀扶着他回去休养。

回到家中的白居易又开始愁眉不展，游览蓝田山所带给他的喜悦，随着生活的逼迫而烟消云散了。虽然白居易的身体还没有完全康复，但迫于生计，他不得不亲自下田种地维持一家人的生活。亲自耕种，虽然是自食其力，但在那时，却是一件难堪的事。因为白居易在朝为官时是内臣，而且是皇上身边较为信任的重臣，曾经这样风光无限的一个文人雅士，如今却要为了生计亲自耕作，这未免会让人有所非议。

但白居易却不在意别人异样的眼光，反而觉得种田是一件快乐的事，既可以享受耕作中的乐趣，又可以通过这件平凡的事来维持一家人的生活。这样的生活总好过官场上的尔虞我诈，不用每天担惊受怕，曲意逢迎，还可以维持一家人的生计。因此，他也效仿赋闲在家的陶渊明，在田间耕种期间，写下了三首著名的诗作。

归田三首·其一

人生何所欲，所欲唯两端。

中人爱富贵，高士慕神仙。

神仙须有籍，富贵亦在天。

莫恋长安道，莫寻方丈山。

西京尘浩浩，东海浪漫漫。

金门不可入，琪树何由攀？

不如归山下，如法种春田。

归田三首·其二

种田意已决，决意复何如。

卖马买犊使，徒步归田庐。

迎春治未耜，候雨辟菑畬。

策杖田头立，躬亲课仆夫。

吾闻老农言，为稼慎在初。

所施不卤莽，其报必有余。

上求奉王税，下望备家储。

安得放慵惰，拱手而曳裾。

学农未为鄙，亲友勿笑余。

更待明年后，自拟执犁锄。

归田三首·其三

三十为近臣，腰间鸣佩玉。

四十为野夫，田中学锄谷。

何言十年内，变化如此速。

此理固是常，穷通相倚伏。

为鱼有深水，为鸟有高木。

何必守一方，窘然自牵束。

化吾足为马，吾因以行陆。

化吾手为弹，吾因以求肉。

形骸为异物，委顺心犹足。

幸得且归农，安知不为福。

况吾行欲老，瞥若风前烛。

孰能俄顷间，将心系荣辱。

白居易所作的田园诗与陶渊明不同的是，诗中既有对安逸生活的憧憬向往，又有对朝廷和世事不公的感叹。

元和八年（813 年），朝中各集团的矛盾再次引发了一场不小的风波，进士派的几位关键人物再一次成为牺牲品。进士出身的权德舆被罢免宰相等职位。但唐宪宗为了平衡各集团的势力，也不得不免除了代表旧贵族势力的于铢和其子驸马于季友的一切官职。

这是一场新老集团之间的斗争，一场注定了两败俱伤的争斗。他们都忘了，任何斗争的受益者，都将是当朝的君主，官场之外的白居易此时更能清楚地参透这一点。

白居易听闻了朝中的这一变故，没有感到惊讶，只是无奈与惋惜，他惋惜这些人为什么不能及早地醒悟，为何不像自己一样，在沟壑纵横的田间做一个平凡的农夫。

意志坚定的白居易不只是嘴上说说，他如今干起农活来，倒是像模像样。他也十分乐得这务农的差事，在与《得袁相书》中，他这样说：

> 谷苗深处一农夫，面黑头斑手把锄。
>
> 何意使人犹识我，就田来送相公书。

袁相是指袁滋，本是白居易的老朋友，这几年在仕途上一路顺风顺水。他始终没有忘却白居易这个老朋友，时常派人送来书信问候。当信使到达田间的时候却发现，他根本认不出哪个是曾经在政坛为人尊敬、才华横溢、风流倜傥的诗人白居易了。若不是有人指引，他无论如何也不能相信，远处那个白发苍苍正在田间卖力耕作的老人就是白居易。

不知不觉间，时光已经流转到了六月。此时繁花灿烂，明媚鲜活，但有时候白居易还是会怪这夏季是个多余的季节，因为有时候窗外的雨下个不停，也延缓了白居易田间干农活的脚步。

于是，白居易就整日研读陶渊明的旧作，躬耕田间的经历让他对陶公的诗作感同身受，诸多体悟汇聚于心。这时的白居易已经将陶渊明视为自己的偶像，更对他曾经在田间的悠闲自在有了更深的体会。

这年的秋天，白居易的守孝期已满。但由于朝廷中此时没有空余的官职，所以白居易还要在田间继续过着农耕的生活，然而此时的生活状况却是早已入不敷出。

幸好白居易还有多位挚友在朝为官，纷纷向他伸出援手，就连被贬至江陵的元稹，也十分惦念白居易。多年的友谊是不会因贫富的差距而有任何变化的，二人即使相隔千里，心中那份情谊也是割舍不断的。在白居易得知元稹得了疟疾之后，同样也是千里送药给他，让元稹为之感动不已。

此时白居易虽然常说自己已经厌倦了官场的争斗，不想再涉足官场，但当他得知朝中又一位曾与自己志同道合的朋友薛存诚离世后，他又不得不担忧日后朝廷的安危、政治的波动。

薛存诚曾是个做事一丝不苟、为人刚正不阿的人，如今朝中这样的人一个个地被排挤出去，或者因病离世，这怎能让白居易不动摇自己清静无为的理念。

数九寒天，作物本就收成不好，贫苦的百姓还要向贪官污吏缴税。饥寒交迫的农民们早已无力抗争了，只好拿出自己微薄的税款。白居易非常庆幸，自己相对于他们来说，还是富裕的，但也为百姓们的痛苦而愁上心头。一种矛盾的情绪，萦绕在他的心头。

和着岁月留下的悠扬琴声，他只能在黑暗中放逐自己，将自己的人生交给一步步走来的黎明。

第四章

竹节松心月光寒

意返朝堂，见诗思友

田间的贫苦生活还在继续着，虽然受到朝中朋友的多方帮助，但也不是长远之计。这时的白居易眼疾更加严重，本就为家中的经济状况而日夜愁眉不展，现在自己的身体再遭疾病，怎能不让人郁闷。

白居易心中十分清楚，这眼疾是因为几位至亲相继离世后，哭干了眼泪造成的。而要想治愈眼疾，寻医问药是无用的。他知道只有在佛法中闭目养神，沉淀自我，做到六根清净，无欲无求，眼疾才会痊愈。

在朝为官的钱徽听闻了在田间务农的白居易生活日渐拮据，又不幸染上眼疾，除了金钱上的帮助，钱徽更亲自写了一封书信。

在白居易看来，这书信比任何灵丹妙药对他的病都有效，更让他感觉到了与钱徽之间这份情谊的真挚。他有感而发，于是赋了一首《得钱舍人书问眼疾》：

春来眼暗少心情，点尽黄连尚未平。

唯得君书胜得药，开缄未读眼先明。

从朋友们的书信中，白居易得到了心灵上的安慰。伟大的友谊为他拨开了眼前的迷雾，让他顿时觉得眼前明亮了许多。

转眼间到了转年的开春，又是一年的希望之际。白居易的人生已经经历了几十个春秋，而这一年的春回大地，他却没有看到希望。此时，家中的积蓄已经无法满足一家人的一日三餐了。弟弟白行简看到家中的窘境，他自然也要负担起家庭的重担。于是，白行简决定远走他乡，应梓州刺史剑南东川节度使卢坦的邀请，去往梓州担任他的幕僚。

白居易送弟弟走的那天，本就眼疾未愈，面对兄弟的离别，他再次潸然泪下，视线模糊了弟弟远去的身影，也让他看见了心中漫出的痛。

想到弟弟是因为家中的潦倒而不得不远行外出谋事，做哥哥的总是内疚不已。白行简离开后，白居易在思念和内疚中度过了许多个日日夜夜。他多次想要动身去找弟弟，却因身体条件不允许而被迫放弃了这个念头，只能任由这种情绪缠绕心头。

他将这份兄弟之情也投射在佛学中，他终于明白，自己虽追随佛学多年，但始终没有做到真正的六根清净、真正的忘我。他还是时常因尘世的喜怒哀乐，被悲欢离合牵绊着自己的情绪，因此并不是佛学无用，而是诸多的牵绊让他始终无法真正融入佛学中。

"远水解不了近渴"的白行简背井离乡去做官，并没有彻底解决家中的经济困难。当时形势下，白居易只好自己想办法了。他求助于在朝中做官的几位朋友，希望能够通过他们来为自己在朝中疏通一下关系，谋个一官半职。

白居易有这样的想法也不是突发奇想，他选择别离青山，重返仕途，一方面是为了改善家中的经济状况，另一方面也是因为他那颗本就不安稳的为官之心，又在蠢蠢欲动了。

虽然白居易退隐多年，但对朝中的情况还是有所耳闻的，这些年朝中所发生的人事变动，利益争斗，他都略知一二。

白居易想要重返仕途并不是单纯对名利的追逐，也是为朝廷的安危而担忧。虽然他有想要归隐山林的决心，也说过十分享受田间耕作的悠闲自在，但一个曾被君主寄予厚望、被百姓赞赏有加的文人雅士怎能就此甘于平凡的生活，他明了自己内心深处的渴望。

白居易百般思量之后，给好友钱徽和崔群写了一首诗《渭村退居寄礼部崔侍郎、翰林钱舍人诗一百韵》：

> 圣代元和岁，闲居渭水阳。
>
> 不才甘命舛，多幸遇时廉。
>
> 朝野分伦序，贤愚定否臧。
>
> 重文疏卜式，尚少弃冯唐。
>
> 由是推天运，从兹乐性场。
>
> 笼禽放高翥，雾豹得深藏。
>
> 世虑休相扰，身谋且自强。

犹须务衣食，未免事农桑。

薙草通三径，开田占一坊。

昼扉扃白版，夜碓扫黄粱。

隙地治场圃，闲时粪土疆。

……

诗中记录了几人的情谊，从最初的共同游历佛寺，探访名山，到当年在朝为官时，几人也曾为了共同的理想拼尽了全力。诗中也不忘感谢在自己贫困潦倒之际，还依然关心自己的两位挚友，他们之间的情谊早已超越了世俗的界限，更不能以金钱衡量。

最重要的是，这首诗中表达了白居易想要重回官场的意愿，他希望崔、钱二人能够为此事在朝中出一分力。不过白居易与一般的文人雅士不同的是他的这种时刻关心朝廷动态的心态，是发自内心自然而然的流露，而不是刻意为之。

白居易在诗中暗示友人在朝中为援引自己尽一分力。但他又担心如今朝中奸佞横行，政治集团之间争斗不断，选择这个风云变幻的时候重返仕途，无疑是困难且危险的。

白居易在这首诗中倾诉了心中的矛盾与纠结。一个苦读多年并在官场上打拼了多年的文人雅士，怎能因一次丁忧守孝而就此远离官场，放弃他所追求的一切？

这一次，一颗曾单纯如水的心，在历经了浮沉与变换而变得更加执着。即使心碎也要装作无所谓，即使洒脱也会有无言以对，这颗执着的心承载了太多的泪水、太多的疲惫。

钱徽和崔群收到了白居易的书信后，立刻开始为白居易为官之事奔走。此时这二人在朝中可以说是位高权重了，崔群在本年的六月从翰林院调往礼部，拜为礼部侍郎。钱徽也从翰林院迁出，封为中书舍人。有了这两个人为自己铺平朝中的道路，白居易算是安心了。

白居易将自己的心事向友人倾诉之后，顿时觉得心中豁然开朗，眼疾也逐渐好转。那边友人在为自己的积极奔走，这边的白居易却觉得如果自己此时不好好游历一下当地的山水风景，再次重返仕途之后，恐怕就鲜有机会了。况且上次游览蓝田山，因为自己的体力不支，没有尽兴，这次更要弥补当初的遗憾。

此时恰逢好友张殷衡来访。于是八月初的一天，白居易就与好友张殷衡结伴前往蓝田山了。

纵然有这些美景，白居易仍然不忘此地王川山上有个悟真寺。悟真寺在长安东南约五十公里的蓝田县境内，是闻名中外的净土宗祖庭。悟真寺依终南山北麓，岩崖峻峭，曲水回环，茂林幽篁，流云飞瀑，自古即有"圣坊仙居"之称。在颠簸的山路中，白居易被友人搀扶着，蹒跚地走向自己心中的圣地。

道路虽崎岖难行，但山路两旁的风景却是那样迷人，或许是鲜有人至此，因此这风景竟有一种遗世独立的孤美，仿佛时刻在等待着他日能有执着的有心人会来欣赏它的美。

白居易终于走到寺庙的门前，长舒一口气，抬头望着头上湛蓝的天空，此刻云雾尽散，留下的只有一片碧蓝如洗的纯净。

再次回眸，自己好似置身云端，飘飘欲仙，回首身后群山围绕，一座座似拱手作揖，仿佛全都拜倒在这悟真寺强大的气场之下。转身踏入悟真寺，寺内寂静幽暗，大殿内竟无一人，白居易此时才真正地感受到什么叫作真正的心静如水，那份静谧与祥和是他在任何一个寺庙中不曾感受到的，这时的白居易或许该后悔自己要重返仕途的打算了，他更想留在这里，因为他始终认为自己本就是个"山林"之人。

白居易与张殷衡在悟真寺一住就是五天，每日在这里听僧人传授佛法，讲述这山间的奇闻逸事，欣赏着寺庙中珍藏的艺术珍品。

几日后，白居易感觉自己仿佛与这寺庙融为一体，他觉得自己与这里的僧人并无区别。

转眼间，到了离别的时候，纵使寺中氛围如此优雅宁静，但他最终还是无法真正从凡尘中抽离。现实无奈，白居易还是要回到家中，还是要面对政治走向朝堂。

白居易将他多日来的感受写为《游悟真寺诗·一百三十韵》：

元和九年秋，八月月上弦。我游悟真寺，寺在王顺山。去山四五里，先闻水潺湲。自兹舍车马，始涉蓝溪湾。手拄青竹杖，足蹋白石滩。渐怪耳目旷，不闻人世喧。山下望山上，初疑不可攀。谁知中有路，盘折通岩巅。一息幡竿下，再休石龛边。龛间长丈余，门户无扃关。仰窥不见人，石发垂若鬐。惊出白蝙蝠，双飞如雪翻……

离开了悟真寺，白居易也要与好友张殷衡分别了。多日的游历让两人都不忍割舍这美景良宵，但张殷衡要赶去江东赴任，不得不与白居易暂时作别。临行前，张殷衡向白居易求诗一首，希望以此来作为纪念。白居易听到好友只有如此简单的要求，自然是责无旁贷，于是满怀不舍之情，写下了《游悟真寺回山下别张殷衡》：

> 世缘未了治不得，孤负青山心共知。
> 愁君又入都门去，即是红尘满眼时。

虽然两人都想终身留在这佛门的清修之地，怎奈尘缘未了，只能白白辜负这美景了。

送走了友人，白居易也没有回家，而是又去游览当地的另外一个寺庙。此庙名为感化寺，寺庙本身虽不出名，但寺中有一僧人，相传他自入方丈室以来，二十年来都不曾出室。这僧人名叫义福，后来他的故事被人们传为一段佳话。

来到感化寺后，白居易无意间在墙上看到老友元稹和刘敦质题写的诗作。也曾了解到王维在此题过一首《过感化寺昙兴上人山院》，于是百感交集，诗兴大发，也在此写下了一首《感化寺见元九、刘三十二题名处》：

> 微之谪去千余里，太白无来十一年。

今日见名如见面，尘埃壁上破窗前。

　　"微之"是元稹的字，元稹被贬去江陵，如今距离自己千余里。"太白"是刘敦质的字，刘敦质英年早逝，距今正好有十一年了。今日见到他二人的题名，心中万千感慨，悲伤不已。白居易与元、刘二人都是早年在长安就相识的，谁知多年后几人却各自分离，甚至天人永隔。回忆起这些，白居易立于满是灰尘的破窗之前，痛哭了一番。

　　那些逝去的苍白岁月，湮灭了灿烂如火的青春。多年后他回首跋涉过的足迹，匆匆而来，只是孤独的一个人，那曾经的脚步声却始终温暖着岁月，沉寂在梦中。

重返长安，友聚又散

白居易仿佛是那大唐秋日里的一只蝉，孤独地放声歌唱，不理世间繁华，不睬虚荣与喧嚣，用尽今生的最后一丝气力，书写一个生命的传奇。

朝中政治又起波澜，淮西章义军节度使吴少阳去世了，他的儿子吴元济想利用手中的兵权借机谋反，于是向朝廷隐瞒了父亲去世的消息。

一个月后，吴元济带着军队背叛了朝廷。朝廷得知此事后，立刻派兵征讨，荆南节度使严绶率领申、光、蔡等州兵马前去征讨。而白居易的挚友元稹也随之出征了。得知此消息的白居易十分为好友担心，但谁知此时元稹家中又传出不幸的消息，元稹的妾室安氏因病离世。

唐宪宗一边派军征讨叛变的吴元济，一边平衡朝中的势力。因为在这个时候，旧贵族集团的代表人物李吉甫病逝，使旧贵族一派顿时群龙无首。然而进士一派却是甚感欣慰，大家欢欣雀跃。

但能心静即身凉 白居易诗传

远在山林的白居易此时听到了这个激动人心的消息。他也为之兴奋，这样一来，自己的复官之路顿时变得明亮起来。可是等待了一个多月，也不见朝廷下旨，心中忐忑难安的白居易写下了一首《夜坐》表达心境。

　　　　庭前尽日立到夜，灯下有时坐彻明。

　　　　此情不语何人会，时复长吁一两声。

　　白天，白居易即使整日躺在床上，也不觉得有丝毫困意，夜晚他又时常在灯下独坐到天明。这其中的感情要是不说出来，又有谁会理解，想到这些不禁长叹两声。

　　不久，朝中终于传出了好消息，至少对白居易来说，这是个意外的惊喜。这年的十二月二十五日，曾代表进士派掀起一股改革之风，但当年的"科举案"却让作为主审官的韦贯之遭到了贬谪。如今复出，重新成为进士派的领导人物，并且白居易与韦贯之的私交不错，当年"科举案"爆发之时，白居易也曾上书劝谏，为韦贯之等人鸣不平。

　　几日后，经过崔群、钱徽、韦贯之在朝中的谋划，召白居易回朝任职太子左赞善大夫的诏书终于下达。

　　白居易接到诏书的那一刻，百感交集，经过了四年的田间贫苦生活，四年的沉淀，让白居易再也压抑不住内心深处的寂寞，他终于又可以回到朝廷了。

　　白居易曾是一个不时流露出退隐之意，并明确表态不想再回官场的文人，而现在的喜悦又好似一种无声的嘲讽。事实上，受当时的社会影响，不少文人都有着同样的心态，这在当时被称为一种"双遣"的思想。

白居易接到诏书后，一刻也没敢耽搁，当即雇了一头毛驴，带着自己的行李，踏上了赴任之路。

冰天雪地间，一个头发斑白、牙齿稀疏的老人，孤独地赶着一头毛驴，迎着寒风消失在了乡间小路的尽头。

也许此时的白居易心中是欢喜的，因为太子左赞善大夫官职上虽不及翰林学士，只是正五品而已，平日里主要是规劝太子的言行举止，未经允许，不得过问朝政。这样的官职正是白居易所期盼的，他很怕此官职会被人顶替或是撤销，于是满怀信心地向长安奔去。

来到长安的白居易又遇到了一些问题，由于他没有足够的钱，无法在皇城周边租到房子，只好暂时租住在曲江边。由于距离皇城较远，白居易每天上朝很不方便，天气不好的时候，尤为困难。但这些问题比起他在乡间这些年所历经的苦难已经不算什么了。

上朝途中的艰苦和生活上暂时的贫困都是命运为他插播的序曲，他早已看淡了一切。元和十年（815年）正月刚过，老友元稹就回到了长安。元稹回来没多久，当初随着王叔文一党一起被贬官的刘禹锡、柳宗元此时也都被重新召回了长安。

朝堂一改往日沉闷的氛围，忽然变得热闹起来。从此长安又

但能心静即身凉 · 白居易诗传

多了一伙思想激进、放荡不羁、致力改革的年轻人。虽然这其中的许多人都曾因自己的所作所为而付出了惨重的代价，但仍然不改初心。

几位志同道合的年轻人相聚在一起，除了讨论当前的政治情况，就是结伴同去游山玩水，饮酒赋诗。他们还都对佛教有着浓厚的兴趣，于是经常往来于长安的各大寺庙。其中较为著名的就是安国寺、荐福寺、大兴善寺等。

白居易虽然居住在远离皇城的郊外，但地方较为宽敞，无拘无束，可以时常邀请朋友来家中做客，喝酒聊天，生活过得自在舒适。他在《朝归书寄元八》中就记录了这一闲适的生活状态。

> 进入阁前拜，退就廊下餐。
>
> 归来昭国里，人卧马歇鞍。
>
> 却睡至日午，起坐心浩然。
>
> 况当好时节，雨后清和天。
>
> 柿树绿阴合，王家庭院宽。
>
> 瓶中鄠县酒，墙上终南山。
>
> 独眠仍独坐，开襟当风前。
>
> 禅师与诗客，次第来相看。
>
> 要语连夜语，须眠终日眠。
>
> 除非奉朝谒，此外无别牵。
>
> 年长身且健，官贫心甚安。
>
> 幸无急病痛，不至苦饥寒。

自此聊以适，外缘不能干。

唯应静者信，难为动者言。

台中元侍御，早晚作郎官。

未作郎官际，无人相伴闲。

白居易离开官场已是几载光阴，与朋友们分别的时间更是长久，这些年来虽说生活清贫，但自在的生活状态却让他感觉思想是富足的。如今朋友欢聚一堂，除了多年未见的老友，也有许多佛教中人，大家妙语连珠，彻夜畅谈，即使生活清贫，却惬意自在。

可是，好景不长，还沉浸在团聚喜悦中的他们，由于狂放不羁的性格，每日饮酒作诗，开怀畅饮，经常成群结队地出现在朝中。

树大招风，他们很快引起了朝中旧贵族以及宦官集团的注意。这两大集团，本就将进士派视为异己，现在他们纷纷回朝，必定会触及他们集团的利益，因此他们想尽一切办法，散播谣言，污蔑进士派的刘禹锡、柳宗元等人。结果刘禹锡、柳宗元等人，在重回长安的一个月后，再次被贬。

柳宗元被贬为柳州刺史，刘禹锡被放逐的地方最远，被贬至播州为刺史，那里人烟稀少，极为荒凉。幸好与刘禹锡交情甚好的裴度此时担任御史中丞，他以刘禹锡家中有年迈的老母亲需要其尽孝不宜远放为由，使得刘禹锡这才被放逐到连州。

而此时的白居易因为在朝中的官职无关紧要，还未曾威胁到两大集团的利益，因此这次他并未被列为主要的排挤对象。但他们也知道，有白居易这样的人在朝为官，就是他们永久无形的压力。

白居易就这样看着朋友们离开了自己，刚刚平复的心情，此刻又变得焦躁不安，前几日还一片欢声笑语，如今却只剩自己孤单一人，这巨大的反差，让他怎样经受得住。

辗转难眠的白居易只好将自己放逐在书海之中，谁知刚翻了两页书，眼疾就突然发作，疼痛难耐。于是他敷上药，闭目养神，不知不觉间竟进入了梦乡。

他梦到了曾经的挚友裴垍，梦中浮现了两人曾经的许多画面，共同在朝为官，互相勉励，也曾举杯畅饮，共叙心中理想。梦中的白居易正在为能有这样一位知己而兴奋不已，醒来却知那只是南柯一梦。

于是，白居易在空虚与失望之际写下了这首《梦裴相公》：

五年生死隔，一夕魂梦通。

梦中如往日，同直金銮宫。

仿佛金紫色，分明冰玉容。

勤勤相眷意，亦与平生同。

既寤知是梦，怅然情未终。

追想当时事，何殊昨夜中？

自我学心法，万缘成一空。

今朝为君子，流涕一沾胸。

梦中的情景曾是那样真实，真实得让人触手可及。逝者的音容笑貌全都浮现在眼前，梦中的回忆仿佛都如昨日发生的一切，虽然已将生死和生命中的缘起缘灭看得淡泊了，但面对挚友的离世，想想如今的窘境，白居易还是忍不住失声痛哭起来。

泪，一旦流干，就会只剩坚定后的决心。心，一旦沉寂下去，就会只剩万物皆空的淡泊，白居易正是如此。

徜徉佛海，祸患突起

　　真实的梦境让白居易不忍相信那唾手可得的却不是真实的，醒来后那失声痛哭中，又不止有失望，还有对刘禹锡等人再次被贬的无奈。

　　痛苦中的他只能再次在佛教中找寻解脱的方式。当时的长安有所寺庙叫安国寺，在安国寺的红楼院中，有位广宣和尚，是白居易和刘禹锡等人多年的朋友，他们多次互相唱和诗歌，后因名声大噪而被招到内廷侍奉，皇上赐居安国寺的红楼院。

　　一日，白居易闲游到安国寺，广宣和尚看到他来，兴奋不已。广宣和尚让他在大堂坐定，沏上一壶从故乡四川带来的香茗，拿出近日所作的一组应制诗，让白居易品鉴。这组应制诗内容包含十首内容详尽、语言优美的诗篇。

　　所谓应制诗，只不过是应皇上的要求，将佛教中的道理写进诗篇中，或者是借助事物来隐喻一些道理，让人们每当读到这些诗的时候，都有一种恍然大悟的感觉。

本来佛教主张六根清净，是不允许僧人写诗的，但若真能通过此方法将佛法传播给民众，这岂不是迎合了佛家的那种普世理念。

白居易读着广宣和尚的诗，不自觉地将目光停留在了这样一首诗上，《寺中赏花应制》："东风万里送香来，上界千花向日开。却笑霞楼紫芝侣，桃源深洞访仙才。"上界的花朵盛开的时刻，万里飘香，让人瞬间感觉到无须再去追寻桃花源的虚幻不实，而应留在这安国寺中欣赏。

白居易在踏入安国寺的那一瞬间，能感觉到的只有安静和祥和，外界的浮躁和喧嚣都被抛至凡间，而这里宛若仙境一般。他可以将红尘事一一放下。功名利禄，家国天下，都与他无关，在这里，他只是自己。

白居易读过这首诗之后，顿时豁然开朗了许多，于是要求广宣和尚将这首诗赠予自己。广宣和尚欣然答应，但也要求白居易回赠一诗。

广宣上人以应制诗见示因以赠之诏

道林谈论惠休诗，一到人天便作师。

香积莛承紫泥诏，昭阳歌唱碧云词。

红楼许住请银钥，翠辇陪行蹋玉墀。

惆怅甘泉曾侍从，与君前后不同时。

这里的"道林""惠休"都是有文采的诗僧。白居易这首诗的大意是：闻名遐迩的广宣和尚被皇上拜为佛学老师，多次出席皇上的宴席，也曾应制作诗。皇上非常喜欢他，赐他入住安国寺红楼院，时常乘坐皇上的辇车出行于皇宫内外。白居易感慨自己与广宣和尚都曾是皇上身边的近臣，但却不能同时侍奉皇上。

广宣和尚看后欣喜万分，命人好好珍藏，并提笔为皇太子赋诗一首。诗中也不忘称赞白居易几句，他说太子身边能有这等能人贤士可谓难得。

就在白居易还徜徉在佛海之际，朝廷中的纷争仍在不断上演。白居易却没有想到，此次的事件将导致自己重蹈友人的覆辙。

当初，彰义军节度使的儿子吴元济隐瞒父亲的死讯，带兵背叛了朝廷。唐宪宗立即派人去征讨，但多月之后并无胜利回朝的迹象，因为那边的淄青节度使李师道又在暗中帮助吴元济烧毁了朝廷军队的粮草。但唐宪宗并未因此而停手，两军处于胶着状态。

李师道和吴元济看到偷袭并未成功，转而又派杀手潜入长安城内，暗杀主持用兵的宰相武元衡和御史中丞裴度。

一个夜黑风高的夜晚，宰相武元衡在处理公务的时候，被杀手暗杀，中毒箭身亡。裴度也遭到偷袭，但因头戴毡帽较厚，因此只是头部受到重创，并无生命危险。

白居易听闻了皇城之内竟有如此恶劣的行径，气愤不已。尽管宰相武元衡是旧贵族的代表，刘禹锡等人遭到贬谪也与他有关，但就算如此，天子脚下发生如此重案，也是绝对不允许的。

于是，白居易上书劝谏唐宪宗，要求皇上严惩凶手，以示国威。然而，白居易的这一举动很快就为自己招致了不小的祸患。

旧贵族和宦官集团不时有人提出，白居易此时并不是谏官，越级上书应当受到严惩。唐宪宗本没有在意这些言论，但无奈旧贵族的压力，因此不得不采纳旧贵族的上书。然而，一波未平，一波又起，旧贵族中又有人将白居易当年所作的《赏花》《新井》两首诗与母亲坠井而亡的事捏造在一起，说白居易有大不孝的行为。这样的人，有何资格留在太子身边任职？

时任宰相的韦贯之迫于朝中各方的压力，不得不将白居易贬为江州司马，其实这也是为了保全白居易。

白居易早就预想到，终究会有一天，自己也逃不过被贬的命运。只是没有想到，母亲竟成了降罪于他的导火索，这让他心中十分不安。

白居易的那两首诗，并非写于母亲去世期间，但现在说这些又有何用。欲加之罪，何患无辞？也许早日远离这是非之地，才是人生的一大乐事吧！虽然自己还不想放下官场的一切，但现实无奈，只好随遇而安。

离别长安，再遇湘灵

得知自己被贬后，白居易渐渐让自己平静下来，接受这个事实。但等待被贬诏书下达的这段时间，却是痛苦难熬的。

诏书下达的日期未知，被贬江州之后的生活更是未知，曾经与自己一起在朝为官的那些挚友，如今漂泊在大江南北，何日再能相见，也是未知的，无数的问号此时都出现在迷茫的白居易面前。心如死灰的白居易写下了一首《自诲》来表达自己的情绪。

乐天乐天，来与汝言。汝宜拳拳，终身行焉。物有万类，锢人如锁。事有万感，蒸人如火。万类递来，锁汝形骸。使汝未老，形枯如柴。万感递至，火汝心怀。使汝未死，心化为灰。乐天乐天，可不大哀，汝胡不惩往而念来。人生百岁七十稀，设使与汝七十期。汝今年已四十四，却后二十六年能几时。汝不思二十五六年来事，疾速倏忽如一寐。往日来日皆瞥然，胡为自苦于其间。乐天乐天，可不大哀。而今而后，汝宜饥而食，渴而饮；昼而兴，夜而寝；无浪喜，无妄忧；病则卧，死则休。此中是汝家，此中是汝乡，汝何舍此而去，自取其遑遑。遑遑兮欲安往哉，乐天乐天归去来。

成熟之后的白居易懂得了要学会简单生活。此时，年迈苍老的身体，却感到无比轻松。白天就尽兴地玩耍，夜晚就安详地入眠。不会过分高兴，也不杞人忧天。病了就卧床休息，死了就罢休。这样简单的生活才是白居易追求的，才是他永久的精神故乡。

这年的八月，秋风吹送着悲凉的消息，将贬诏送到了白居易的手中。此时的白居易已平静了许多，接到诏书后，他立刻收拾行囊，准备去赴任。当时唐朝有规定，凡是被贬官员，自接到诏书的两日内，就要即刻启程，不得有误。但白居易离家的这天，清晨天空中就已乌云密布，惨淡的天色，仿佛是在为他拉下合适的幕布，来映衬他的不幸。家人担心白居易虚弱的身体，劝阻他休养一下多留些时日再去赴任，而固执的白居易却偏要选择在这个恶劣的天气启程。他再也不愿在这个伤心之地多停留一秒，他回想起了那句"长安虽大，居大不易"。这句话不仅是对于当年那个贫苦书生白居易的讽刺，也好似是对今日多次被贬的白居易的嘲讽。那一字一句，都深深地刻在他的心上。

如此匆忙的情形中，白居易可以舍弃一切身外物，却不忘带上当年湘灵送给自己的那双绣花鞋。其至每逢夏日翻晒衣服时，都不忘将这双鞋拿出来翻晒。睹物思人，或许这是排解心中思念

但能心静即身凉 —— 白居易诗传

最好的方法。人生已过半，痴情的白居易最终还是盼得了奇迹，看到了希望，命运让他在仕途中遭受了打击，经历了沉沦，却给多年坚守这份感情的他一个回报。

白居易离开的这天，由于长安的多位好友都与自己一样，草草被贬，因此前来送行的人唯独京兆少尹李建一人。

这世间的所有离别，都是带着苦涩的味道。李建前来送行，使白居易格外感动。两人年轻时曾共同在朝为官，都对佛学感兴趣，因此两人都将彼此视为知己，如今却要分隔两地，并且身份地位相差较大。今日一别，不知何时才能相见。满腔诉不尽的情怀，最后只能化作无言的挥手。

白居易痛苦地与李建分别了，别后写下一首记录当日心情的诗作。

别李十一后重寄

秋日正萧条，驱车出蓬荜。

回望青门道，目极心郁郁。

岂独恋乡土，非关慕簪绂。

所怜别李君，平生同道术。

俱承金马诏，联秉谏臣笔。

共上青云梯，中途一相失。

江湖我方往，朝廷君不出。

蕙带与华簪，相逢是何日？

伴随着暴雨骤降，白居易离开了长安这个伤心之地。白居易走后不多时，老友杨虞卿就从鄠县赶来，他先到了白居易位于长安郊外的家，得知白居易已经离开，于是快马加鞭地追去，追了近四十里路，终于在浐水追上了白居易。

白居易听到有人在身后叫他，于是回头望去，看到杨虞卿风尘仆仆的样子，白居易感动不已，高声呼唤着杨虞卿的名字，眼泪也夺眶而出。两人相见后，相拥而泣，并在浐水边对酒临风，互相倾诉心中的不愉快。

不知不觉间，雨过天晴，白居易向杨虞卿辞别，径自向蓝田县境内走去。白居易用自己的方式，再次告别了这座繁华的都城——长安。

白居易独自一人带着复杂的心情来到了蓝桥驿。蓝桥驿是唐朝时被贬官员离开长安时的第一站。在这里，他看到了许多与他同样满腔悲愤的文人士大夫因怀才不遇、壮志难抒，而在此地留下了许多诗篇。其中一篇竟是前些日子被贬官的挚友元稹的诗《西归绝句十二首》，白居易相当激动，也留下了一首《蓝桥驿见元九诗》：

> 蓝桥春雪君归日，秦岭秋风我去时。
> 每到驿亭先下马，循墙绕柱觅君诗。

这首绝句，表面上只是平淡的征途纪事，最多不过表现白居易和元稹交谊甚笃，爱其人及其诗而已。其实，这貌似平淡的二十八个字，却暗含着诗人心底的万顷波涛。

但能心静即身凉 白居易诗传

白居易的下一站是陕南的商州，他将在这里等待着与家人会合，然后一同向襄阳进发。襄阳对于白居易来说并不陌生，年少时曾因父亲在此地任职而在此居住过。白居易如今旧地重游，感慨颇多。

再到襄阳访问旧居

昔到襄阳日，髯髯初有髭。

今过襄阳日，髭髯半成丝。

旧游都是梦，乍到忽如归。

东郭莲蒿宅，荒凉今属谁。

故知多零落，闾井亦迁移。

独有秋江水，烟波似旧时。

白居易在襄阳停留了几日后，就不得不日夜赶路，因为朝廷正催促他抓紧到江州上任。虽然一路上风景无数，但对漂泊之人来说，眼里的一切都带着浓浓的伤和愁。

此次行程中更有一个意外，上天仿佛听到了白居易内心的呼唤，在去往江州的路上，他巧遇了湘灵父女。多年的感情积淀与坎坷的命运带给他的痛苦终于在此刻爆发，他不敢相信这相见的场景会再次出现，此时的团聚又将意味着多久的别离？一首《逢旧》道出他心中的感慨和思虑：

久别偶相逢，俱疑是梦中。

即今欢乐事，放盏又成空。

后来，这段历经了多年的感情，终于在白居易五十三岁这年有了一个圆满的结尾。白居易调任杭州刺史，在回京的途中，路过湘灵曾经居住的村庄，但当年的村庄已经换了新颜，没有留下湘灵的半点痕迹。这段痴恋，也随着湘灵的离开，而落下了帷幕。

贬谪江州，山寺观莲

面容憔悴的白居易几经波折终于到达了江州，数千里的行程早就将其折磨得疲惫不堪。这一路走来，他一边郁闷愁苦，一边用佛学开导自己，人生本来就是虚空的，又何必为了官场的几番波折而痛苦。因此，白居易来到江州时，心情已经平静了许多，至少他准备好了迎接即将在江州展开的生活了。

白居易到达江州的时候，已是黄昏时分。暮色幽幽，宁静中点染着一种哀愁。他不知道，明日的黎明该是怎样的光彩。

当白居易的船刚一靠岸，便出现了让他难以想象的一幕。岸边响起了锣鼓和音乐声，他知道这是欢迎朝廷大官的乐曲。声声乐曲，震慑人心。随后看到岸边有一众百姓兴高采烈地载歌载舞，同时一队人马迎面走来，为首的是一个面色从容但笑容有些拘谨的男人。白居易看其官服就知此人正是江州刺史崔能。

在朝廷受到排挤而遭流放至此地，偌大的朝堂之上，人情冷暖，只有自己知道。而初到此地的白居易却能够感受到当地淳朴的百姓对他这个被贬之人丝毫不减的热情，让其十分感动，无法忘怀。诸多感慨汇聚于心，于是他便借此赋诗一首：

初到江州

浔阳欲到思无穷，庾亮楼南湓口东。

树木凋疏山雨后，人家低湿水烟中。

菰蒋喂马行无力，芦荻编房卧有风。

遥见朱轮来出郭，相迎劳动使君公。

白居易尚未到达江州时，心中还是有些许顾虑的。他担心自己只是一个被贬之人，当地的刺史是否能与自己融洽相处。而刚才崔能的表现，让白居易觉得自己的担忧是多余的。

崔能的官阶虽然只是从三品，但他是唐高宗时期著名文人崔融的曾孙，因此对才华横溢的著名诗人白居易，已是仰慕已久。

昔日仰慕的文豪近日却在他的手下为官，崔能自然无比欢欣，更不能亏待了白居易。此外，白居易曾是皇上身边的近臣，在朝中也深得人心，虽然一朝被贬，但谁又能预测得到有朝一日皇上会不会再次对他委以重任。因此，崔能对白居易的到来是绝对的礼遇。

浔阳在当时的唐朝属于一个大郡，由于地处长江南岸，因此商业贸易极为发达。同时，这里的美景也同样使世人惊叹。庐山美景远近闻名，崇山峻岭间到处可见葱茏的景象，许多佛寺也尽数镶嵌在层峦叠嶂之间，若隐若现，那种独特的魅力让无数文人墨客为之痴迷。

对白居易这个本就对寺庙有着独特感情的人来说，能够亲临这庐山脚下体味这别样的风景，已经算是人生的一大幸事了。

崔能早就为白居易选择了一处位于江边的院落，这里虽然偏僻了一些，但正合白居易的心意。白居易也因自己特殊的身份，在崔能手下也不必恪尽职守，工作的灵活性相对较大，这也正为他喜爱游山玩水的性格提供了便利。

元和十一年（816 年），白居易终于迎来了在江州的第一个春天，因为他迫不及待地想要去一睹庐山的秀丽。无论是心灵上还是身体上，白居易在过去的一年都经历了一个漫长的冬季，而今春意盎然，正是登山的好时候。

崔能听说了白居易想要上山的想法，担心他身体虚弱，无法独自登山，还特意为其准备了轿子。但白居易毅然谢绝了崔能的好意，因为平生看到了许多欺压百姓的贪官污吏，更是时刻将民间疾苦记于心间，他甘愿同百姓一起吃苦，也不愿独自享乐。于是，白居易找了两个当地的衙役做向导，欣然地向山中走去。

庐山素有"匡庐奇秀甲天下"之美誉。东晋画家顾恺之创作的《庐山图》，成为中国绘画史上第一幅独立存在的山水画，从此历代丹青大师以庐山为载体，以这一艺术形式对庐山赋予美感境界的表述。

庐山东林寺莲社"十八高贤"之一的宗炳，他所撰的《画山水序》，成为真正意义上的第一篇中国山水画论，表现了一个新的美学思潮的兴起。山上著名的山峰有五老峰、香炉峰、双剑锋等。有了这些自然景观，自然也少不了一些人文景观增加其文化底蕴。人文景观中，最著名的当数东林寺和西林寺。

东林寺建于东晋太元九年（384 年），为庐山上历史悠久的寺院之一。东林寺是佛教净土宗（又称莲宗）的发源地，对一些国家的佛教徒影响较大。

东林寺中景色别致，形态各异，但最吸引白居易的就是那寺中的白莲池了。白莲池是诗人谢灵运出资修建的。白居易在观赏白莲的时候，不禁要赋诗一首：

东林寺白莲

东林北塘水，湛湛见底清。

中生白芙蓉，菡萏三百茎。

白日发光彩，清飙散芳馨。

泄香银囊破，泻露玉盘倾。

我惭尘垢眼，见此琼瑶英。

乃知红莲花，虚得清净名。

夏萼数未歇，秋房结才成。

夜深众僧寝，独起绕池行。

欲收一颗子，寄向长安城。

但恐出山去，人间种不生。

池中生长的白莲足有三百多株，在阳光下闪闪发光，一阵清风拂过，带来无尽芳香。荷叶上的露珠更似珍珠般倾尽池中。白居易渐渐感叹自己一双世俗的眼光，如今才看到这琼瑶英华。现在才知道俗世的红莲花只是空有清净之名。

夜深了，众僧都已进入梦乡，唯独白居易一个人绕着池子观赏着池中的白莲花。他很想收起一颗种子，寄给长安的朋友，但恐怕离开了这一片清净之地，就很难在人间存活了。

白居易在东林寺借宿多日后，在智满大师的介绍下，来到了西林寺。西林寺虽然不及东林寺那般闻名遐迩，但历史却较为悠久。来庐山游过东林寺的人，必定也会去游览西林寺。白居易在西林寺也受到了寺中僧人的热烈欢迎，于是夜晚就留宿在了西林寺，并题了一首诗。

宿西林寺

木落天晴山翠开，爱山骑马入山来。

心知不及栖桑令，一宿西林便却回。

白居易这次的庐山之行在东林寺、西林寺居住了半个多月。他回到家中后，效仿东林寺的白莲池，在家中也砌上了一个莲花池，也仿佛有了另一种清净幽雅。

这个时期，白居易的公务并不繁忙，每日除了饮酒、赋诗、参禅、打坐，就是与自己的侄子一起玩耍，生活过得悠闲惬意。

琵琶湿泪，痛失长兄

元和十一年（816 年）七月，白居易从庐山游历回来没多久，意外得知大哥白幼文要带着各家亲戚的弟妹从徐州来浔阳。兄弟二人自从五年前为几位至亲迁坟之后，就未曾相见，可以说是久别重逢。兄弟二人的感情却不减当年，白居易急于将自己多日来在庐山寺庙中的感悟说给大哥听。大哥和弟妹们的到来也为白居易冷清的家中增添了几分欢声笑语。

好消息接踵而至，白居易的夫人又为他产下了一女，取名为阿罗。这个孩子的到来，似乎也是对中年丧女的白居易心灵上的慰藉。

炎炎夏日都是在亲人团聚的欢声笑语中度过的。转眼间秋日将至，白居易的生命中又将上演离别的故事，大哥白幼文将携带弟妹们回到徐州。白居易万分不舍地将亲人送至码头，挥泪送别。

夜晚的时候，白居易还迟迟不肯离开码头，江边吹来徐徐冷

但能心静即身凉　　白居易诗传

风，逐渐清醒了白居易那颗又被亲情烦扰的心。

白居易放眼望去，江边渔船上的点点渔火被江水倒映得波光粼粼。正当他沉醉于这美景时，一阵琴声扰乱了他的思绪，那琴声悠扬婉转，似女子在低吟浅唱，让人欲罢不能。

循着琴声，白居易来到江边停靠的一个客船上，发现正在弹琴的是一个面容姣好的女子，远远望去，独有一番风韵。

走近后，白居易才渐渐看清女子的容貌，纤弱的身形、满面的愁容。看得出，曾经容貌秀美的脸上，已经被岁月无情地刻上了痕迹，低眉间，眼角浮现出两道长长的鱼尾纹。

女子怀中拥着一把琵琶，纤细的手指顺着节奏不时拨动着琴弦，那琴声低沉婉转，透露着无尽的悲伤。白居易从这琴声中听出了这是个有着无尽哀怨的女人，她有着让人为之叹惋的悲惨故事。

白居易本是一个性情中人，忍不住上前去问个明白。那女子擦干眼角的泪珠，将自己的悲惨遭遇娓娓道来。

这女子年轻时本是长安城内的一个名妓，但年华易逝，随着自己的容颜日渐衰老，愿意光顾她生意的人少之又少。无奈之下，她只好委身嫁给富商大贾。怎奈却遭人玩弄感情，如今只能这样悲惨度日。

白居易听完她的哭诉，觉得这个女子的遭遇似乎与自己的遭遇有点相似。至少他们有着相同的悲哀，不经意间觉得自己与其有着心灵上的共鸣。这晚的所见所感，再次勾起了白居易对不堪回首的往事的感慨。

回到家中的白居易心情难以平复，挑灯夜战，写下了对社会底层人民的同情，其中也有自己失意的感慨。于是，一首《琵琶行》问世了。

浔阳江头夜送客，枫叶荻花秋瑟瑟。

主人下马客在船，举酒欲饮无管弦。

醉不成欢惨将别，别时茫茫江浸月。

忽闻水上琵琶声，主人忘归客不发。

寻声暗问弹者谁，琵琶声停欲语迟。

移船相近邀相见，添酒回灯重开宴。

千呼万唤始出来，犹抱琵琶半遮面。

转轴拨弦三两声，未成曲调先有情。

弦弦掩抑声声思，似诉平生不得志。

低眉信手续续弹，说尽心中无限事。

轻拢慢捻抹复挑，初为霓裳后六幺。

大弦嘈嘈如急雨，小弦切切如私语。

嘈嘈切切错杂弹，大珠小珠落玉盘。

间关莺语花底滑，幽咽泉流冰下难。

冰泉冷涩弦凝绝，凝绝不通声暂歇。

别有幽愁暗恨生，此时无声胜有声。

银瓶乍破水浆迸，铁骑突出刀枪鸣。

曲终收拨当心画，四弦一声如裂帛。

东船西舫悄无言，唯见江心秋月白。

沉吟放拨插弦中，整顿衣裳起敛容。

自言本是京城女，家在虾蟆陵下住。

十三学得琵琶成，名属教坊第一部。

曲罢曾教善才服，妆成每被秋娘妒。

五陵年少争缠头，一曲红绡不知数。

钿头银篦击节碎，血色罗裙翻酒污。

今年欢笑复明年，秋月春风等闲度。

弟走从军阿姨死，暮去朝来颜色故。

门前冷落鞍马稀，老大嫁作商人妇。

商人重利轻别离，前月浮梁买茶去。

去来江口守空船，绕船月明江水寒。

夜深忽梦少年事，梦啼妆泪红阑干。

我闻琵琶已叹息，又闻此语重唧唧。

同是天涯沦落人，相逢何必曾相识！

我从去年辞帝京，谪居卧病浔阳城。

浔阳地僻无音乐，终岁不闻丝竹声。

住近湓江地低湿，黄芦苦竹绕宅生。

其间旦暮闻何物？杜鹃啼血猿哀鸣。

春江花朝秋月夜，往往取酒还独倾。

岂无山歌与村笛？呕哑嘲哳难为听。

今夜闻君琵琶语，如听仙乐耳暂明。

莫辞更坐弹一曲，为君翻作琵琶行。

感我此言良久立，却坐促弦弦转急。

凄凄不似向前声，满座重闻皆掩泣。

座中泣下谁最多？江州司马青衫湿。

一句"千呼万唤始出来，犹抱琵琶半遮面"惹了千古人的幻想遐思，独有一番古香古韵。

不久后，谪居在江州的白居易再次获得了好友元稹的好消息：元稹虽然还在通州任司马，但又娶了一个妻子，白居易为其感到欣慰，终于有人能与其为伴，照顾他的起居了。好友过得好，他也能够安心了。

这年的十二月，朝中也传来了好消息：王涯出任当朝宰相。然而这个消息传到了白居易的耳朵里，他并没有感到异常兴奋。因为在这里的山水和僧侣，都让他感受到了心中从未有过的那份平静。他已经做好了长期留在这里，余生都过着清贫生活的准备。苦味中带着清欢，心中的那份宁静，才是生命中最珍贵的财富。

元和十二年（817 年），春节刚过，白居易就迫不及待地再次登上庐山，去观览人间佳景。庐山以雄、奇、险、秀闻名于世。宽阔的风景，能壮阔人的胸怀。那巍峨挺拔的青峰秀峦，那喷雪鸣雷的银泉飞瀑，那瞬息万变的云海奇观，连番地闯进白居

但能心静即身凉 白居易诗传

易的眼中。

一路风景，到来，又过去。而他依然还在途中，他仍旧是白居易。看着，看着，他有些豁然了。这一路的攀登，不正是人生吗？

白居易已将过去的所有荣辱都视为浮生之梦，喜悦和烦恼也随之忘却，这都是他首次登上庐山所得的感悟。这次上山并没有受到任何僧人的邀请，是他主动要上山向智满大师学习佛法。

正月十五本是阖家团圆的日子，智满大师也劝他下山去与家人团聚，但是白居易却坚定决心，不为世俗的感情所牵绊。这天学完禅法后，白居易出门看到当空的满月，不由得想起了自己的妻哥杨汝士。

正月十五日夜东林寺学禅偶怀蓝田杨主簿因呈智禅师

新年三五东林夕，星汉迢迢钟梵迟。

花县当君行乐夜，松房是我坐禅时。

忽看月满还相忆，始叹春来自不知。

不觉定中微念起，明朝更问雁门师。

白居易觉得自己世俗的情缘仍然未了，还要继续参禅问道。于是过了正月十五又邀智满大师一起到了香炉峰的遗爱寺。

遗爱寺四季景色迷人，白居易觉得这里是个适宜清修之地，于是便有了在这里兴建一个草堂的打算。此时的白居易已经将全部的心思投入佛学中，不再理会外界的一切浮华与名利，只为自己的一个心愿而努力。

三月底，草堂建成，白居易诚邀各路好友前来观赏，并且举办了一个落成仪式，也借此机会请来了庐山中各大寺庙的僧侣和当地的有识之士交流佛学的感悟。

正当白居易陶醉在草堂美景和幽静的氛围中的时候，又突闻噩耗，大哥白幼文突然病逝。他万万没有想到那日在浔阳一别，竟成了永别。只是分别不到一年的时间，大哥就这样匆匆地离开了自己，这让白居易怎能不痛心。

白居易与大哥的感情尤为深厚，想到自己初到此地的时候，大哥还带领弟弟妹妹来此地宽慰自己，而今却要天人永隔，这种痛苦又怎能尽数表达？

大哥的离世让白居易更坚定地将身心投入佛学中。久而久之，白居易却发现，无论自己在佛学中有着怎样的造诣，始终都无法改变自己容易情绪化的弊病。但一旦冷静下来之后，自己还是能够及时醒悟，他告诫自己不要时常感慨时运不济、感叹容颜早衰，而要平静地看待这一切。

这年的九月，白居易收到了弟弟白行简的一封家书，信中说剑南东川节度使卢坦病逝，李逢吉接替其出任剑南川节度副使兼梓州刺史。白居易深知这一变动或许有朝一日也会为弟弟带来厄运，于是极力劝导弟弟早日来江州，因为白行简当初到梓州为官，本就是受卢坦的邀请，如今李逢吉接替了卢坦的官职，自然会对白行简抱持戒心。

十月，裴度的手下李愬在偷袭了蔡州之后，生擒了叛军首领吴元济，于是长达多年的淮西之乱终于平定。

寒冬将至，白居易由于身体的原因恐怕无法再登庐山了，因此他果断地选择了在家中自己闭关修炼。虽然闭关的时间不长，白居易却从中感悟颇深。在闭关期间，还写下了一首《闭关》：

我心忘世久，世亦不我干。

遂成一无事，因得长掩关。

掩关来几时？仿佛二三年。

著书已盈帙，生子欲能言。

始悟身向老，复悲世多艰。

回顾趋时者，役役尘壤间。

岁暮竟何得？不如且安闲。

白居易闭关的原因是感慨自己这么多年来的一事无成。如今女儿已经在牙牙学语了，而自己也深刻地感受到了年华易逝，并慨叹世间的痛苦与磨难。

白居易在此谪居期间，夜晚熟睡之时，总能在睡梦中梦到自己曾经与朋友们在朝为官的场景，清早与朋友们一同上朝，共议国事，发表自己的见解，即使不被皇上采纳，也总能遇到志同道合之人与之呼应。退朝回家后，妻子和女儿又能给自己带来家庭的温暖和喜乐。一切的一切，都是那样美好。

可是美梦总有醒来的那一刻，冰冷的现实无数次地触及白居易脆弱的神经。美好的梦境和冰冷的现实总是纠结在白居易的生活中。其实，不管隐居如何适意，在他的内心深处，还是想为自己的理想再拼搏一次。老骥伏枥，志在千里，只是那千里路，他不知道还能走多远。

去留纠结，意获诏书

元和十三年（818年），白居易收到了弟弟白行简要来江州的消息。能够与弟弟团聚，白居易自然是兴奋的，但他担心三峡地带行船危险，准备亲自去接弟弟，却无奈无法逆水而行。

几日后，风尘仆仆的白行简终于到达了江州。白居易立刻设宴款待白行简，一叙分离多年的手足之情。席间，白居易说道，弟弟白行简平安到达江州，才让自己一颗悬着的心终于落下，自己也从今天开始有了依靠，如今的他只觉得一身轻松，再无烦恼。虽然是背井离乡而且生活清贫，只要兄弟俩相互依靠，这些又算得了什么！

又是一年初春的时节，生活总是能在这勃勃生机的季节出现转机，曾经的御史大夫李夷简被升任为宰相，这样一来，此时在朝为官的宰相中，崔群与白居易是老友，李夷简与元稹私交甚好。白居易得知这一消息后，还赋诗一首向元稹表示祝贺。然而政治风云瞬息万变，谁也没想到，李夷简在出任宰相不久后，就主动请求外任，调离了京城。

白居易闲来无事时，就会在家中参禅悟道。有一天，东林寺中的僧人道深带领着一众弟子来到白居易的家中，请他为新落成的红石塔撰写碑铭。白居易顿时感觉到受宠若惊，他没有想到自己在当地的僧人心中，竟有如此高的地位。

白居易虽然没有见过这个碑文中所提的上弘大师，但却在碑文中对这个上弘大师寄予了较高的评价，极尽溢美之词。白居易将写好的铭文亲自送到了东林寺，并现场指导能工巧匠将其镌刻于石碑之上。在白居易的监督下，为上弘大师所立的石碑终于打造完成。白居易也暂时在东林寺小住了一段时间。

夜晚，白居易再次漫步至白莲池前，静立池前，不由得想起了曾与同伴们放歌夜游的曲江池，触景生情，此时的白居易再次陷入了矛盾之中。而矛盾也总是会让人陷入进退两难的境地。这也是古代士大夫共有的一个特点，遭到贬谪时，似乎瞬间看透了一切，也表现出无比留恋山林中的美景，发誓不再回到官场中。然而往往又会触景生情，对仕途之事念念不忘，希望朝中有人能够援引自己。如果自己的这种意愿无法得到满足，心情就会再次陷入低谷。

其实，去留的纠结，说到底，都是他心中还残存着希望。白居易在《自题》中就感慨颇多：

> 功名宿昔人多许，宠辱斯须自不知。
>
> 一旦失恩先左降，三年随例未量移。

> 马头觅角生何日，石火敲光住几时。
>
> 前事是身俱若此，空门不去欲何之。

追逐功名利禄的人有很多，皇上的宠爱与贬谪只在朝夕之间，难以揣度。一旦被贬官，就将被流放到很远的地方，除非遇到特赦，否则永远都不会重回昔日的地方。自己作为被贬之人，若是再想回到朝中，就好似马头上找角——是不可能的事了。皇上的恩宠就像电光石火般让人捉摸不透，之前的事情就是如此，如今若不入空门，还能去哪里？

归根结底，佛门清净之地，并非他内心深处的向往，而是无可奈何的退路。

这一段时间，白居易的情绪总是异常低落，于是他总是靠喝酒来麻痹自己的神经。醉酒后的白居易，总是能梦到自己与朋友的往事。他反复游走于曾经的生命，也只有在回忆里，才能找到快乐。然而酒醒之后，纠结情绪仍在，他的烦恼也仍旧无所寄托。相比这眼前的现实，他更是留恋那个梦中世界。

一日酩酊大醉后，白居易梦到了自己与刘敦质共游长安的彰敬寺之事。醒来之后，他还认为那不是梦境，于是将梦境写为诗篇：

梦亡友刘太白同游彰敬寺

> 三千里外卧江州，十五年前哭老刘。
>
> 昨夜梦中彰敬寺，死生魂魄暂同游。

同游彰敬寺本是白居易与刘敦质在长安为官时所做之事，距今已经十余年了，如今再次梦到，可见两人感情深厚。在之后的很长一段时间内，白居易都深陷怀念长安的人和事中。偶尔小憩时，他还梦到长安慈恩寺中的昙禅师。于是，他醒来后又赋诗一首《赠昙禅师》：

> 五年不入慈恩寺，今日寻师始一来。
>
> 欲知火宅焚烧苦，方寸如今化作灰。

慈恩寺是唐长安城内最著名、最宏丽的佛寺，它是唐代皇室敕令修建的。白居易已经与这个地方阔别五年了，此刻再梦到这个禅师，可见白居易心中的世俗之地已经渐渐被吞噬，他也对重回官场表示希望渺茫了。

白居易心中明白，如今的自己恐怕是无望再被重用了，于是心情变得更加郁闷，就在此时，他第三个女儿的降生，更让重男轻女的白居易感觉到无比的压抑，他不明白，为什么命运要这样薄待他，为什么自己竟是事事都不如意？于是，他只好埋头于禅道佛理之中，不再理会这些纷繁俗事。

饱尝了悲喜无常后，白居易的心中沉淀了更多人生感触。只是，不知道生命的下一程，是阴雨霏霏，还是阳光满地。

忧国忧民的情怀很快涌上白居易的心头，矛盾与纠结总是缠绕在心头，即使口中说着已经释然，但心中还是期待着再次接到任职诏书那一刻的喜悦。

十二月十二日，白居易接到了朝廷的诏书，让他代替李景俭

但能心静即身凉 白居易诗传

出任忠州刺史。这让白居易着实感到诧异。白居易手拿诏书，双手颤抖，再也抑制不住内心的激动与兴奋，老泪纵横。

自从收到朝廷的诏书以来，白居易早就按捺不住内心的喜悦了。但到了分别的时候，心中却是一阵酸楚。他忘不了这江州的美景、山间的寺庙、豁达的僧人、友爱的邻居，舍不掉自己亲手建造的草堂、栽下的白莲。在他走后，这里的一切，所有的繁华和颓唐都与他无关了。

临行前，江州的名士僧侣盛情难却，硬要为白居易设宴饯行。于是，一行人在江边共饮了几杯酒，抒发了离愁别绪。傍晚，暗红的夕阳照耀着天地，白居易带着几分醉意，踏上了离开江州的船。船桨轻轻一划，扯着离思，载着浓愁，直奔他的渴望而去。

初春的江州，傍晚时分竟也有了几分微冷，伴着醉意，白居易恍惚间再次路过曾经几度游览过的庐山，幽幽暮色为庐山更添了一分柔美，荡漾在他的脑海里，在渐行渐远的时光里酿成美好的回忆。

去忠州上任的路上要途经鄂州，自己的老友李程就在鄂州任刺史，白居易觉得正好可以通过此次机会与老友一叙旧情。

白居易抵达鄂州后，李程在黄鹤楼设宴款待了他。早已不胜酒力的白居易在几杯美酒的催化下，不禁想起当年自己初被贬官江州时也曾路过此地，当初坐在黄鹤楼上却满是那下眉头上心头的苦愁。而今日在黄鹤楼上，高瞻远瞩的却是带给自己无限喜悦的光明前景。

　　此次去忠州，白居易的心情虽是喜悦的，但不免还是要为自己今后的人生和仕途思虑一番。两次被贬的他在官场中看到了一幕幕触目惊心的场面后，学会了任何时候都要懂得自保。如今的他早已走过了青春年少的热血时期，经历了岁月的打磨，铸就了低调行事的风格。他明白，知道太多未必是好事，只有在任何情况下都懂得保全自己的人，才能立于不败之地。

效力忠州，朝堂风云

激荡的水花涤荡着白居易的心绪，逆水行舟多日的白居易终于抵达了忠州。在码头上，他遇到了即将离任的好友李景俭，同为被贬之人的李景俭，见到白居易后自然有同病相怜的感慨，如此一来，更加深了两人的感情。

从白居易踏入此地的第一步起，就对这片看上去较为荒凉的土地满怀信心，他决定重拾斗志，想有一番作为。

忠州在当时只是一个面积不算很大，并与境外接壤的下州。依靠与边境的少数民族发展小商品贸易而维持着当地并不富裕的生活。远远望去，忠州四面环山，在高低起伏间却又凸显得错落有致。

这个边境小城远没有江州繁华，但既来之则安之，白居易还是深感皇恩浩荡。这其中的原因不言而喻。首先，白居易感谢皇上能够在多年以后还能想到他，给他一个州官的职位。其次，他在这个荒野之地还能感激皇上的恩泽，还是希望皇上有朝一日能再次提拔他，让他重返长安，重回朝堂。

之前的江州司马只是一个附属官，白居易在任期间，并没有太大作为，因为这个官职使自己处于一个尴尬的地位，况且自己的上司平日对他关照有加，他自然不能过多地插手当地的事情。如今，白居易作为忠州的一州之长，必须亲力亲为，为当地的百姓谋福利，实现自己多年的理想，也是为了能够重返长安而要干出一番业绩。

　　白居易在了解了当地的情况后，决定从两个方面入手：一是大力发展农业，同时减轻百姓的赋税压力；二是使用适度宽松的刑法，使百姓拥有足够的自由和人权。

　　相关政策的出台，使当地的面貌焕然一新。白居易这个新上任的州官，自然也受到了百姓的拥护与爱戴。

　　日夜忙于政务的白居易暂时无暇顾及自己曾热爱的佛学了。他已将佛经暂时收起，置于屋脊之上。

　　虽然他从离开江州的那一刻起，就开始怀念当地的那些僧侣朋友，但这些年来醉心佛海，早就让佛学的感悟长留心间。他只希望僧侣朋友们能好好照顾他倾注了心血的草堂和白莲，待自己回到江州的时候，还能在那片清净之地重拾当初的那份宁静。

　　边境之地谈不上秋高气爽，入秋后，天气转凉，冷清的环境让白居易想起了挚友元稹。他听闻好友元稹刚刚痛失了最疼爱的小女儿，此时恐怕最需要友人的安慰。而自己在忠州，只好靠着与元稹偶尔的书信往来排解孤独寂寞，安慰老友。

在经历了秋天的寂寥之后，等待白居易的还有冬季的严寒。白居易还在担心元稹是否能在短时间内从丧女的悲痛中解脱出来，而当他得知元稹已经被召回长安并授予膳部员外郎的时候，他从心底深处为好友能重返长安而高兴。

这年的十二月，身为宰相的崔群突遭奸人陷害，被贬出长安。白居易为老友的不幸遭遇而感慨，也知道自己回朝的希望更加渺茫了，因为朝廷中又少了一个可以援引自己的人。然而，命运的起承转合是他无法预料的。朝中的变化要远远超出他的想象。

元和十五年（820年），唐宪宗暴毙，而他正是亡于所热爱的神仙之说。奸相皇甫镈早就听闻唐宪宗喜好神学，贪图长生不老。于是，他就向唐宪宗推荐道士所炼的丹药，唐宪宗正是因为服用了丹药，中毒而亡。

唐宪宗驾崩后，太子李恒经历了一番激烈的内部争斗，登上了皇位。新帝继位，带来的定是又一次政治动荡。

白居易期盼随着唐穆宗李恒的继位，能有好消息传来，但日复一日的等待，只等来了元稹的好消息，元稹被提升为祠部郎中。白居易听说好友高升，当然为之高兴。但反观自己，还在这荒凉的小城中苦苦煎熬。

白居易上任之初的积极与热情消散在无尽的等待中，他的意志一天天消沉下去，身体也消瘦了许多，行为举止也变得随意。

究其原因，是因为他感觉自己不再被重视，受了冷落，没有得到渴望的存在感。

心情低落的白居易把全部的希望都寄托在钱徽身上，但没想到钱徽却是自身难保，也被贬出了长安。官路上最后的救命稻草断了，他的渴望再一次落空，只得独自游荡在官场的急流中，随着命运沉浮。

这年初夏，万念俱灰的白居易早已做好了准备，在这个荒凉地带度过余生。但唐穆宗却下诏提拔白居易为尚书司门员外郎。接到诏书的白居易心情大为好转，不像从前那般沮丧，而是兴致勃勃地换上了新官朝服。心情为之振奋的他将忠州的景物也都赋予了美的感受。

第五章

暮年自适何怡然

再回长安，春风得意

白居易临行前，特意到当地游览了一番，让这短暂的任期在他的生命中留下一个美好的回忆。

启程的号角已经吹响，白居易兴致勃勃地同家人再次踏上了返京的道路。而他日思夜想的长安，也正以积极开放的胸怀迎接着那些曾被贬官的有识之士。

白居易回来了，钱徽、崔群等好友也都被召回，由此可见，当时的政治氛围对进士集团是相当有利的。唐穆宗任用的两个宰相，都是进士出身，是倡导革新的。

曾经与白居易同朝为官的这些挚友也尽数在朝中任职，即使官职不高，但却为白居易提供了一个好的政治环境，让他能有机会施展自己的才华。

初为司门员外郎的白居易在短短四个月后就连升两级，升为正六品尚书主客郎中、知制诰。从此便可直接参与军政要务，起草一些军机诏令。由于当时出任知制诰的都是白居易的老朋友，

但能心静即身凉 ⚘ 白居易诗传

比如元稹、李宗闵、王起。白居易日日与几位老友一起共事，喜悦的心情自不必多说，自然也干劲十足。

唐穆宗继位已经一年了，改年号为长庆。长庆元年（821年），高官厚禄的白居易在长安终于圆了多年的心愿。

然而，仕途上正春风得意的白居易却在此时听闻挚友李建与世长辞，这对他的打击很大。白居易曾因此一度颓废，再次沉沦于佛海之中。

初春的长安虽不及江南的气候宜人，却也渐渐有了些暖意。但这些都不足以温暖白居易寂寥的心，他开始陷入无尽的思念之中，思念远在江州的僧侣们，于是，他将这份思念化作诗歌，寄往江州。

春忆二林寺旧游因寄朗、满、晦三上人

一别东林三度春，每春常似忆情亲。

头陀会里为通客，供奉班中作老臣。

清净久辞香火伴，尘劳难索幻泡身。

最惭僧社题桥处，十八人名空一人。

诗中不难看出白居易既为人生在世、辛苦追逐一生的终究还是那些浮华不实的东西而深感无奈，也为曾经白莲结社时，愿往生西方极乐世界的十八人中，如今独少了自己一人而深感惭愧。

每年的初春，朝廷都要举行一年一度的进士考试。进士考试

也是每一个向往为官之人必然的选择。

　　白居易曾是这万千考生中的一人，而如今岁月洗礼下的白居易已然成为今年考试的考官。本次考试由礼部侍郎钱徽主持，考试的结果在朝中又掀起了一阵不小的风波。由于元稹、李德裕与李宗闵等人已不睦多时，而这次考试的及第之人大多为朝廷重臣的亲属，因此元稹等人上书唐穆宗，说考试不公，要求复试。

　　复试的结果正中了李宗闵等人的下怀，首次考试中高中的人员竟相继落榜，由此可以看出考试确实存在舞弊现象。唐穆宗大怒，立即贬谪了钱徽、李宗闵等人。

　　对于钱徽被贬，白居易感到十分内疚，因为正是白居易亲自主持的复试。然而钱徽被贬的地方，正是白居易无限怀念的江州。

　　临行前，白居易告诉钱徽，自己曾在江州修建了一座草堂，若是感到心中苦闷无处宣泄，就到草堂去坐坐，那里的清净，足够净化内心。为了送别钱徽，他还特地赋诗一首：

钱侍郎使君以题庐山草堂诗见寄因酬之

殷勤江郡守，怅望掖垣郎。

惭见新琼什，思归旧草堂。

事随心未得，名与道相妨。

若不休官去，人间到老忙。

　　这首诗是为了宽慰钱徽而作。但仍可以看出白居易心中的归隐之意，如果不辞去官职，恐怕人生到老则无宁日。而他的内心深处，是渴望安宁的。

虽然白居易如今身在官场不能归于山林佛寺，但是他也为自己另辟了清净之地。他在远离皇城的一处购置了新宅院，许多人都嫌那地方太过偏远，有人就问他为何不买到离皇城近一点的地方。可白居易却十分喜欢那里的环境，前有青龙寺，后有丹凤楼，他可以栽树种草，筑篱聚沙，凿渠引水。经过一番整修，宅院的环境呈现出一片清新、恬雅、幽静的景象，俨然成了一个修身养性的好去处。

在送走钱徽不久，白居易又迎来了升官的机会。白居易与元宗简同被封为朝散大夫，自此穿着上也有了明显的变化。不久后，白居易再次得到提拔，被封为上柱国，这一官职在唐朝是正二品。不仅如此，白居易的妻子杨氏也被唐穆宗封为弘农县君。这些对于一生都在追逐名誉声望的封建士大夫来说，无疑是君主对自己最好的肯定。封妻荫子，足可以光宗耀祖，造就一段流传百世的佳话。

白居易在重回长安这一年半的时间内，多次晋升，似乎有了平步青云的感觉，在获封朝散大夫不久后，又被正式任命为中书舍人，标志着白居易从此走上了高官的行列。

白居易面对短时间内的多次升官，并没有扬扬得意，迷失自己，而是时刻提醒自己要小心谨慎，量力而行。

请辞外任，远赴杭州

长庆二年（822年），朝中发生了人事变动，元稹和裴度同时被诏为宰相。虽然两人曾是好友，但利益当前，元稹为了宰相之位与裴度争得矛盾重重。裴度这些年常年在河北一带带兵打仗，平定藩镇叛乱，可谓劳苦功高。自从元稹出任宰相后，屡次向唐穆宗上书，说这些年军费开支过多，为了节省开支，建议削去裴度的兵权。

唐穆宗觉得元稹言之有理，于是判裴度为东都尚书，驻守洛阳。不久，河北因为少了裴度的镇守，再次爆发内乱。白居易觉得元稹这种公报私仇致使国家出现内乱的做法非常不理智，于是不再顾及多年好友的情分，向唐穆宗上书，痛陈元稹的这种不齿行为。

正当朝野上下为白居易这种不念私情、以国事为重的行为大加赞赏的时候，李逢吉看到元、裴二人争得如此火热，于是趁机诬陷元稹，上演了一出"鹬蚌相争，渔翁得利"的戏码，最终争

但能心静即身凉 白居易诗传

得了宰相之位。

朝中这一幕两败俱伤的争斗，白居易全都看在眼里，记在心中。虽然自己重回长安后，一路上没有再遇到什么阻碍，皇上对自己也相当器重，但官场的尔虞我诈让他觉得身心俱疲，他已不再是那个风度翩翩、满腔热血的少年，早已无心也无力再争斗了。

于是，白居易来到了宰相萧俛的府中，倾诉自己这种迫切想回归山林的心愿。在萧俛的府中，白居易恰巧遇到了自远禅师。经过自远禅师的一番开导，更加坚定了白居易请辞外任的决心。他有感而发随即赋诗一首，以表心志。

萧相公宅遇自远禅师有感而赠

官途堪笑不胜悲，昨日荣华今日衰。

转似秋蓬无定处，长于春梦几多时。

半头白发惭萧相，满面红尘问远师。

应是世间缘未尽，欲抛官去尚迟疑。

几日后，白居易就向唐穆宗请求外任。唐穆宗起初非常不理解，但考虑再三，也觉得白居易这样正直的人，不论身处何地，都会有用武之地。并且，他早已将白居易视为近臣，自然也不能亏待了外任的白居易。于是，便让他到那个人间天堂、鱼米之乡的杭州去任杭州刺史了。

白居易自幼与江南就有不解之缘，少年时期独自漂泊在此地，对这里的美景始终难忘，小小年纪的他就曾有一个梦想，如果长大后能在当地任一刺史，日日与美景相拥，那将是何等的美事。如今看来，梦想照进了现实，一切都成真了。

白居易接到任命的诏书后，就带着家眷赶往杭州赴任了。他记不清这是第几次携家眷离开住地了，只记得这次的心情与以往不同，即使是再次踏上被贬江州时所走的老路，也是怀有无限喜悦的心情。

白居易此行停留的第一站，就是被贬江州时所宿的那个位于蓝田县的清源寺。两次居住在此地，感受却大为不同。他在《宿清源寺》中就这样说过：

往谪浔阳去，夜憩辋溪曲。

今为钱塘行，重经兹寺宿。

尔来几何岁，溪草二八绿。

不见旧房僧，苍然新树木。

虚空走日月，世界迁陵谷。

我生寄其间，孰能逃倚伏。

随缘又南去，好住东廊竹。

白居易一家在清源寺暂作停留后，就继续赶路了。途中路过紫霞兰若，这是他第三次路遇紫霞兰若了，第一次是被贬江州的途中，第二次则是从忠州回到长安的途中。而这次再次途经此地，不由得写下了一首《过紫霞兰若》：

我爱此山头，及此三登历。

紫霞旧精舍，寥落空泉石。

朝市日喧隘，云林长悄寂。

犹存住寺僧，肯有归山客。

　　出任杭州刺史并不是一件简单的差事，杭州在当时属于一个大州，杭州刺史也是一个相当重要的职位。白居易此次出任杭州刺史并不是作为被贬之臣，因此所经之地的各长官都争相宴请，热情款待。随着天气的变幻，江上的风浪也逐渐变大，于是，他们不得不将船行的速度减慢。直至十月底，白居易携家人才抵达杭州。

诗情画意，心醉西湖

　　白居易深知，唐穆宗让自己出任杭州刺史，一方面，是为了不让曾经的近臣受委屈，才让他来到这物产富足、景色宜人的地方；另一方面，是考虑到杭州是个大州，也是国家的粮仓，只有选派得力和放心的人来才能保证皇粮的充足供给。

　　白居易为了报答唐穆宗的知遇之恩，自然要竭尽全力当好这一州之长。经过认真思虑后，白居易针对当前的形势和日后的工作制定了两点重要方针：对上要为皇上分忧解难；对下要抓紧农渔的生产，确保皇粮的供应。

　　初到此地上任的白居易免不了要被政务缠身。时日长久，白居易的身体就支撑不住了，面容日渐憔悴。

　　长庆三年（823年）初春，杭州早已春暖花开，草长莺飞，气温逐渐回升，熙熙攘攘的人群也为这个时节带来了生机。白居易在这个风景宜人的季节，病情也逐渐有了好转，在这个春光明媚的季节，州郡的政治也逐渐步入正轨，一切都变得井然有序了。

　　但能心静即身凉　　白居易诗传

这也使得白居易的心情逐渐好了起来。

　　大有好转的白居易又萌生了游历的想法，或许是他天生独有一种艺术家的气质，一首《钱塘湖春行》写尽了无数人向往的西湖美景，也成了千古的佳作。

　　　　孤山寺北贾亭西，水面初平云脚低。

　　　　几处早莺争暖树，谁家新燕啄春泥。

　　　　乱花渐欲迷人眼，浅草才能没马蹄。

　　　　最爱湖东行不足，绿杨阴里白沙堤。

　　这首诗正是记叙了白居易的那段美好旅途。在一个明丽的春日，他信马来到钱塘湖畔，由孤山寺的北面绕到贾公亭西。一场春雨刚过，云气同湖面上的微波连成一片，像贴在水面上似的。而湖水涨得满满的，快要跟岸齐平了。远处近处都有黄莺婉转的叫声，这些春天的使者们，嬉戏追逐，争着抢着往向阳的枝头飞。谁家新归的燕子在湖边飞上飞下，它们忙着衔泥筑巢。沿途繁花东一簇西一丛，快要让人眼花缭乱了。而路上的春草刚从土里钻出来，刚够遮住马蹄。春神把花挂在树上，把草铺在地上，供人们尽情赏玩。而他最迷恋的却是湖东一带，这里绿杨成荫，白堤静静地躺在湖边，安闲，自在，让人流连忘返。

　　这是对西湖的一首婉转的赞歌，从孤山寺、贾公亭开始，到湖东、白堤止，一路上，在湖青山绿那美如天堂的景色中，饱览了莺歌燕舞，陶醉在鸟语花香中。最后，才意犹未尽地沿着白沙堤，在杨柳的绿荫下，一步三回头，恋恋不舍地离去了。

调任苏州，身疾革职

唐敬宗李湛继位一年后，也就是宝历元年（825年），白居易被任为苏州刺史。苏州对白居易来说并不陌生，少年时他就曾因躲避战乱而独自漂泊在江南一带的苏州境内。

苏州与杭州一样，同是东南地区的大州。苏州濒临东海；西抱太湖，背靠无锡，隔湖遥望常州；北濒长江，与南通隔江相望；南临浙江，与嘉兴接壤，所辖太湖水面紧邻湖州。苏州物华天宝，人杰地灵，素来以山水秀丽、园林典雅而闻名天下，有"江南园林甲天下，苏州园林甲江南"的美称。

当时的苏杭两地都是唐朝物产较为丰富的地区。对于白居易来说，有生之年能到这两地为官，人生已经没有遗憾了。纵使公务繁忙，这两地的美景，也够白居易在余生回味了。

白居易收到任命的诏书后便即刻启程赶往苏州。经过几日的水路漂泊，白居易携家人于这年的五月五日抵达苏州。

到达此地后的第一天，白居易就立刻上任并表达了对唐敬宗

但能心静即身凉 · 白居易诗传

的感谢，表示要对唐敬宗奉献自己的一片忠心。在《苏州刺史谢上表》中，他还提到了当地的情况及自己日后准备实施的政策和方针。大意说，自己上任之后，要简化当地的科举制度，并将严苛的赋税落实到每一个人身上，无论是王公贵族还是平民百姓都一视同仁。

白居易的这一政策一经发出，立刻迎来了许多百姓的响应，百姓们都对这位初来此地上任的刺史敬佩不已。经过多日不懈的努力与奋斗，苏州的政治和经济终于逐步走上了白居易规划的正轨。而此时，白居易才能闲下来宴请宾客和下属，感谢他们对自己的支持与厚爱。

在当地的政治、经济步入正轨后，白居易才有了闲暇时间来好好游历当地的美景，太湖、齐云楼这些著名的景点自然是少不了白居易的足迹。

时光总是在欢声笑语中飞速地流转，转眼间年关将至，春节这个象征着团圆的节日让白居易异常想念远方的弟弟白行简。

白居易担心弟弟在那个人心险恶的朝中能否自保，也担心弟弟是否能应付那繁忙的政务。然而反观自己这一年来的政绩，白居易没有丝毫的喜悦，因为他觉得当地的政治并没有自己想象的那么理想。

他在诗中曾为自己一年的政绩做了一份总结，《岁暮寄微之三首·一》：

微之别久能无叹，知退书稀岂免愁。

甲子百年过半后，光阴一岁欲终头。

池冰晓合胶船底，楼雪晴销露瓦沟。

自觉欢情随日减，苏州心不及杭州。

人生路，走过这一遭，再回首时，已经远远不似当初渴望的模样。今生已经将近暮年，唯有"结庐嵩洛"下，闲寄余生。

一个习惯怀旧的人早就已经在看惯了人生悲欢后懂得，在快乐的日子里坚守那份属于自己的淡然，也懂得了在独自忧伤的时候敞开自己的胸怀。经历得多了，心中也就没有了伤。渐渐地在一壶清泉间参透了似水流年，品味清欢。

白居易在任苏州刺史期间，曾因身体原因向朝廷请了长假。当时的白居易心里很清楚，按照唐朝的规定，请长假是有可能丢掉当前的职位的。而能否担任新的职位，则要看朝廷中有没有空缺。运气不好的话，恐怕要等上很久，所以很多官员都害怕告长假，因为他们更害怕的是会因此丢掉自己的职位，断了今后的仕途路。

此刻的白居易并不为此而担心，他早已厌倦了官场的生活，事到如今还在朝为官不过是因为要养活自己的家人，是生命的责任，而不似当初的渴望。

转眼间已是八月末，白居易的长假到期了。不出他所料，他被朝廷革除了苏州刺史一职。这时的白居易却是出奇地平静与淡

但能心静即身凉 · 白居易诗传

定，在他看来，为官自始至终都不是他生活的全部，既然如此，为何不活得潇洒自由一些呢！

虽然白居易得知自己被贬，但诏书并未下达，他觉得可以趁机到各处游玩，甚至日日借宿在寺庙中。人生难得放纵几次，更何况是年过半百历经了风雨的白居易。

他知道朝廷一定不会让他无官可做，还会安排他到另一个地方任职的。事情正如白居易所预想的那样，他最终还是接到了让他返回长安的诏令。

离开苏州的那天，前来送行的人络绎不绝，堵满了大街小巷。这样的送别场面，让白居易心中更添诸多不舍，可最终他还是要离开的。船儿划动，载着一船的离愁。

白居易的船行至广陵的时候，途中巧遇了在此停泊的刘禹锡，多年未见的两人分外激动，并当即决定共同去游扬州。

广陵有大明寺，对佛学痴迷的两人，自然不能错过这个著名的寺庙。当年李白也曾在这寺中游历，寺中的栖灵塔让李白为之惊叹，并有感而发题了一首诗。

白居易看到此诗后，也登上了曾经让李白惊叹的栖灵塔。从登上高处的那一刻起，白居易就被这眼底的景色震撼住了，随即赋诗一首《与梦得同登栖灵塔》：

> 半月悠悠在广陵，何楼何塔不同登。
>
> 共怜筋力犹堪在，上到栖灵第九层。

白居易和刘禹锡在此地相遇后，便不舍得分离了。此时的刘禹锡被除去了连州刺史一职，于是两人商议后，决定结伴向东都洛阳进发。

回朝任职，闲悟禅机

此时朝中再起波澜，唐敬宗被刘克明等人所杀，他们私自篡改遗诏准备立绛王李悟为君，枢密使王守澄等人立刻发兵讨伐刘克明这一伙贼人。

在这场政治叛乱中，白居易的好友裴度立下了汗马功劳，被继任的唐文宗李昂授予宰相的官职，又给了白居易的另一个好友韦处厚同中书门下平章事的官职，这两个人都是进士出身，同属于改革一派，深受百姓的爱戴。

白居易的两位好友出任要职，更利于白居易的官途。

没过多久，白居易就收到了诏书，朝廷召他回朝，出任秘书监。秘书监是秘书省的最高行政长官，白居易曾在此做过校书郎，他对这个工作的环境相当熟悉，他也不必担心自己会被卷入朝廷内部的斗争中，于是他很愉快地接受了这个官职。

白居易又回到了长安的家，此时他的朋友们也都回到了长安。

几人时常聚在一起，到了空闲的时间，就结伴去山林间游玩。

白居易对佛教的痴迷程度这时已经到了人尽皆知的地步，他不仅潜心研究佛学，他本身也是一个深受儒家思想熏陶的士大夫。

除此之外，他还对道教感兴趣。在众人眼中，他就是一个集大成者，在官场中合理地运用着儒家的中庸思想，被贬官后却懂得用佛学开导自己，在看透了官场的争斗后，又可以功成身退享受着道家无为而治的思想所带给自己的欢愉。

时光倏然划过，白居易的生活可谓安宁顺和，不用为生活发愁，并无过多的官场烦忧，可以尽情地沉浸在佛理禅宗的海洋，汲取自己所需的能量。

转眼间，初冬来临，整个世界都格外清爽，一层冰冷寒意，却已经不能浸染白居易的心。此时，白居易的心中已经沉淀下了一种厚重温暖的生命力量。

一日，东都洛阳圣善寺住持智如大师来访，更让白居易高兴不已。他请智如大师下榻家中，二人促膝长谈，夜以继日。他的《与僧智如夜话》一诗说：

懒钝尤知命，幽栖渐得朋。

门闲无谒客，室静有禅僧。

炉向初冬火，笼停半夜灯。

忧劳缘智巧，自喜百无能。

因为进入了冬季，白居易住的地方偏远，所以很少有客人来访，只有智如大师与他一起夜话禅机。一字一句，在那无边的幽夜里轻吐，却带着厚实的生命力量，浸润着生命。

不久，白居易奉诏出使东都洛阳。这一次的辗转，并无漂泊之感，而是带有几分惬意。由于差事并不急紧，所以他可以从容安稳地欣赏风景，体会漫步人生的快乐，他随着心意走走停停，惬意心情不可言说。等赶到了洛阳，已是年底了。

洛阳的朋友们听说白居易来了，都纷纷前去拜访，众人一起把酒言欢，诉说着各自的人生悲欢。在回忆与感慨中，他们尝尽了各色苦甜。

繁华的洛阳城，虽然正经历寒冬，却是格外热闹。在大年过后，白居易也不忙着返回长安，他利用正月里的假日，游玩了洛阳附近的名胜。如今的他，不必再为了官路前途费尽心思，他可以静下心来去慢慢品味那些风景里的韵味与独特的情怀。许多名胜古迹，都在他的脑海中留下了深刻的印象，在经历了半生坎坷后，他在那不变的风景里品到了不一样的生命真味。

白居易将官场看淡后，却在仕途上平步青云，而今已近花甲，他又迎来了一份要职。唐文宗大和二年（828年）二月，朝廷下诏，白居易由秘书监除刑部侍郎，并封晋阳县男爵爵位。刑部侍郎是刑部尚书的副手，协助尚书处理刑部事务，手中权力颇大。因为职位极为重要，朝廷命他马上赴任。诏书急紧，白居易不得不告别洛阳诸友，赶赴长安。

在白居易回长安不久，刘禹锡也奉诏除授主客郎中、集贤殿学士回到长安。大家都知道这是裴度极力保荐的结果。

白居易如此地被重用，心中并未太过欣喜，因为刑部的事务繁忙，所以白居易在担任刑部侍郎后，几乎没有游玩的时间。这种过分的忙碌，使得他的身心都无所适从。所以，他在《晚从省归》一诗中对于这种早出晚归的朝政生活表示出了极度的不习惯。

> 朝回北阙值清晨，晚出南宫送暮春。
>
> 入去丞郎非散秩，归来诗酒是闲人。
>
> 犹思泉石多成梦，尚叹簪裾未离身。
>
> 终是不如山下去，心头眼底两无尘。

曾经闪闪发光的功名路，如今却暗淡了。他的心、他的魂，都缠绕在了山林泉石间，他希望心头不留任何尘世间的东西。

这年的十二月，寒风呼啸，白居易的挚友、宰相韦处厚突然暴病身亡。在大半年的时间里，白居易都沉浸在繁忙的事务中，他的身体每况愈下，如今韦处厚的噩耗更是对他的一次不小的打击。他失去了一位挚友，也失去了政治上的靠山和盟友。悲伤之余，白居易不得不为未来考虑。

家人十分理解白居易的担忧，劝说他离开长安这个是非之地。白居易思量多日，最后听从了家人的建议。但是，他不能直接向

但能心静即身凉 ❀ 白居易诗传

皇上辞官或要官，最好的办法就是请假。于是，白居易以身体不适为由，向朝廷告假百日。

然而，悲伤的故事相继上演。大和三年（829年）正月，白居易的朋友京兆尹孔戡、吏部尚书钱徽、华州刺史崔植相继病故，半月之内，有四位友人相继而去，这让白居易感到一种恐惧。

白居易终于下定决心，要离开长安。这一次离开长安，他的心中充满了欢喜。这座曾经在他梦中闪闪发光的繁华都城，如今已经成了他的精神牢笼，他迫切地渴望离开，去追寻自己内心渴望的宁静。

钟情洛阳，爱子早夭

大和三年（829年）三月下旬，白居易百日病假告满，照例他的刑部侍郎一职被免去，朝廷任命他为太子宾客，分司东都洛阳。接到诏书后，白居易非常高兴，这样的结果正是他心中期盼的。妻子很快就收拾好了行装。裴度、刘禹锡、张籍三人于裴府举办盛宴为白居易饯行。推杯换盏间，尽是离别之辞，可是，此次白居易的心中，并无太多的愁苦。远离，其实是一种精神回归，他看到内心深处更真实的渴望，他更加渴望安静的余生。

白居易一家于四月初离开了长安，四月下旬才回到了东都洛阳的宅第。这次回来，他颇有些庆幸，因为他暂时摆脱了朝中湍急的政治暗流。朋友们听说白居易回来了，竞相前来拜谒，让白居易有些应接不暇。他开始享受宁静的岁月，过起了安稳的人生。而另一面，长安城里却是风起云涌，一刻不停地演绎着血雨腥风的故事。

大和四年（830年），党派之争继续上演。武昌节度使牛僧

但能心静即身凉 白居易诗传

孺入朝，宰相李宗闵升为兵部尚书，李德裕一党却在此次的党派之争中完败，被排挤出了朝廷。白居易曾经的好友元稹，因为受到李德裕的提携而被新上任的宰相排挤出了朝廷，贬为武昌刺史。

此时身在洛阳的白居易庆幸自己没有卷入这场党派的斗争中。其实他们其中任何人受到伤害，遭到贬谪，都是他不愿看到的。

远离了朝廷的争斗，白居易沉醉于洛阳的山水寺庙之中，钟情美景并醉心佛海，是白居易人生两大不变的主题。整日沉醉惬意生活的他不想再与朝廷有任何瓜葛，他已经厌烦了官场的生活，需要的只是一片净土而已。

不久，诏书还是下达了，牛僧孺等人感念当年的恩情，强力推荐白居易为河南尹，这个职位在当地拥有相当高的地位，并且俸禄丰厚，权力也很大，这一切都是白居易最初所期盼的。

毕竟经历了这么多年的辗转与漂泊，如今的白居易再也没有在苏杭两地任刺史时的那份斗志了，他想要为百姓谋福利，却感到力不从心。

一个饱经风霜的老人，此刻需要的只是一份安逸，于是他将自己剩余的全部精力都放在了修筑自己的府邸上，他想在这个山清水秀的地方为自己创造一个舒适的环境，能够让自己安享晚年，不再过问外界的一切。

安逸的生活逐步在他的生命中展开，尽管是那样的平铺直叙，毫无生机，但对白居易来说，这才是他追求一生想要的结果。

生活不怕索然无味，怕的是突遭晴天霹雳，那种让人心痛的措手不及是一般人无法经受的。花甲之年的白居易却突闻唯一的继承人阿崔离世的噩耗。阿崔是他的小儿子，年近花甲的白居易本来以为自己后继有人了，谁知最终却是莫大的悲痛。

白居易很长时间内都无法接受这个残酷的现实。痛苦难耐时，他只好给元稹写信，以此来求得安慰。白居易曾经的好友刘禹锡等人得知了这个消息后，纷纷来信劝导白居易节哀顺变，不要过度悲伤。

刚从丧子之痛中回过神来的白居易却再次被噩耗打击得不知所措，老友元稹在武昌任职期间，突发疾病，与世长辞。元稹往日的风采依旧晃动在他的眼前，但从今往后，这个世界就再也没有他的故事了。他像风一样，在白居易的生命中轻轻离去，却给了白居易重重的一击。

白居易和元稹相识于儿时，元稹比他小几岁，算起来他与元稹相识有几十年了。白居易曾将他与元稹的关系比作形与影的关系。十月，白居易为老友元稹写了祭文，以此来送别元稹最后一程。向他做了生命最隆重的告别。待白居易料理完元稹的丧事，已经是大和六年（832年）。

"瑞雪兆丰年"的大好寓意在这一年的初春就显露了。白居易怎能放过眼前的美景，于是借此机会邀请洛阳各界的名流来家中饮酒赏雪。这些年洛阳的收成不错，社会环境也是稳定和谐的，如果此时各界名流能再出一份力，洛阳的经济必定蒸蒸日上，这也将成为白居易政绩的一部分。

洛阳一片安定祥和之景，作为当地长官的白居易自然也可以暂时安心地享受一下生活了。那时，他最常游历的莫过于香山寺。

洛阳有十所后魏时期所建的古刹，其中最著名的要数奉先寺和香山寺。到了中唐时期，香山寺也逐步走向了没落，白居易每当游历到此地时，都不禁慨叹此地昔日的风景或许是何其幽美，与这宁静淡雅结合得恰到好处。

惋惜之余，白居易不忘拿出元稹托人带给自己的，为其撰写墓志铭的酬金来重修香山寺。这也算是为元稹积累功德。

七月初，元稹的灵柩要迁到咸阳去了，相识几十载的老友要永远地离开了，就算以后想要拜祭，也要远走他乡了。

白居易独坐在修筑一新的香山寺中，虽然眼前充斥着美景，但毕竟无法还原这香山寺最初的模样了。

大和七年（833年），春节将至，洛阳当地的群众沉浸在春节的喜庆氛围中，唯独白居易无法被这样的氛围感染，因为他还沉浸在朋友相继离世的痛苦中。

夜晚辗转难眠时，他只能一个人借酒浇愁。没有了知己陪伴，独自斟饮，酒的芳醇便化成了苦味。

如今的他再也不用为了生计而忧愁，剩余的财产已经足够他安享晚年了，此时这位已经看惯了世事变幻的花甲老人，觉得一切都是虚幻，追逐了一生的名利，都将随着一个生命的陨落而变得失去了意义。白居易打算辞去河南尹一职，回归山林度过自己的余生，永久地陷入宁静。

朝中的每个人并不都像白居易一样，期待一份属于自己的平静与安逸。那个时代的士大夫都觉得，不论任何时候，只有官场才是展现自己成就理想的地方，因此都不遗余力地在官场上为自己拼得一席之地。这边白居易正准备辞官，那边朝廷中却又生了变故。

二月初，牛、李二人的党派斗争再次鸣起号角。白居易已经对朝廷中残酷的争斗失去了兴趣，于是以身体多病为由，辞去了河南尹一职。

几日后，朝廷再下诏书，授予白居易太子宾客的职位，为官东都。白居易感念皇上的恩泽，自知这是个权力较大、俸禄较高的美差，平日里也比较清闲，于是只好欣然应允。

众人见白居易难得清闲，时常会邀请他共游佛寺。在禅音袅袅中，他体会到更深的沉静。

一日，白居易独自来到了香山寺，那是他一手从破败中挽救出的。他再回到这里，踏在青石板上，体会着寺中独有的寂静。他心中诗意翻涌，于是作了一首《香山寺二绝》：

但能心静即身凉 白居易诗传

其一

空门寂静老夫闲，伴鸟随云往复还。

家酝满瓶书满架，半移生计入香山。

其二

爱风岩上攀松盖，恋月潭边坐石棱。

且共云泉结缘境，他生当作此山僧。

　　白居易晚年退隐之后，便定居于香山寺，并自号"香山居士"，可见他对这个地方的喜爱。其实，他一直都在生命中找寻一个安静的角落，努力感受着自己的灵魂。

闲适晚年，乐天如命

朝中人事怎样变动，都与这个已过六旬的老人无关了。他需要的只是诗意的生活，一个能让他继续徜徉佛海的机会以及一种参禅悟道的境界。

这一年，发生了"甘露之变"。经过这次事变，宦官更加专权，大小事务均取决于宦官，外廷宰相等形同虚设。"甘露之变"的消息传到洛阳后，白居易闻之震惊，四个宰相同时遇害，这是历朝历代都没有的，白居易为死难者沉痛哀悼。

"甘露之变"后，朝廷元气大伤。为了重振朝纲，唐文宗决定改元，将丙辰年改为开成元年（836年）。正月初一宣诏，大赦天下，京兆百姓免除一年赋租。一时间人们奔走相告，群情欢悦。白居易心情大好，兴致再起，决定游玩一番。

初春，白居易再次去游玩嵩山。他在山上住了三夜，几乎跑遍了嵩山的三十六座峰，他在少室山东岩的最高石上特意题了名，以示纪念。

但能心静即身凉　白居易诗传

三月末，太子宾客分司东都的李绅迁升为河南尹。白居易和李绅是老朋友了，在诸多故友纷纷离世后，二人能在一起实在是难得。所以，他们常常结伴而游，互相唱和，走走停停地度过了不少光景。

偶尔，白居易还会到天竺寺会见僧友，和僧人们一起畅谈、品茗，享受宁静悠然的人生。

这一年，朝廷的人事任免发生了很大的变化。裴度被调到太原任北都留守、太原尹、河东节度使；李德裕被调至扬州，任检校户部尚书、扬州大都督府长史，充淮南节度使；牛僧孺被调任为检校司空、东都留守。裴度走了，牛僧孺来了，这让白居易稍稍有些慰藉。

不管朝廷的人事如何变化，都与白居易无关了。如今的他身心适意，已经无所求了。曾经仕途的光芒，已经在他的生命中暗淡下去，眼前的寻常人生，却是充满了宁静的幸福。

这一年的冬天来得很快。白居易的女儿阿罗生了一个女孩，白居易十分高兴，他沉浸在一个老人的天伦之乐中，已经不似之前那样重男轻女。当外孙女满月的时候，他还为她办了一个庆贺筵席。他给外孙女起名叫引珠，并写了一首《小岁日喜谈氏外孙女孩满月》：

> 今旦夫妻喜，他人岂得知。
>
> 自嗟生女晚，敢讶见孙迟。

物以稀为贵，情因老更慈。

新年逢吉日，满月乞名时。

桂燎熏花果，兰汤洗玉肌。

怀中有可抱，何必是男儿。

不久后，白居易给侄儿娶了一个贤惠孝顺、知书达理的妻子。一家人都很满意，这也算是他给九泉之下的弟弟白行简一个交代。

春节过去不久，裴度从太原赠来了马匹，白居易很是感激。

开成三年（838年）初春，白居易骑着裴度赠给自己的马，再次回到了香山寺。众僧听到白居易要来此地，都很欣喜，都想一睹这位官场浮沉多年却又与佛寺有着割舍不断情缘的大诗人的风采。

白居易来到香山寺，准备在此小住一段时间。他伸手划过这古寺的每个角落，一份宁静轻触他的内心，勾起了他对这坎坷一生的回味。

十一岁的时候，白居易就独自一人漂泊在江南一带，那种孤苦与寂寞让他变得多愁善感。随着年龄的增长，白居易开始思虑自己的未来，也在逐步探索中树立了自己“兼济天下”的人生观。他虽然也像当时普通的少年那般走上了科举之路，以致多年的寒窗苦读造就了坚韧的品格，却也拖垮了他的身体。

后来他顺利通过考试，进入朝廷为官后，本是满怀信心，却被一次又一次的无情贬官浇熄了人生的希望之光，便萌生了退隐的想法。

他多次遭到贬谪，又多次重返仕途。他始终不愿放弃自己心中的执着，不为自己，只为国家，为了自己亲眼所见的那些正在经受苦难的百姓。他从在官场中一次次的垂死挣扎到最后的淡泊一生，经历了多少次辗转反侧，经历了多少矛盾与纠结，其中的苦楚只有他知道。

此时的白居易已经不觉得自己的人生是多么悲惨，或许是因为痛到深处的麻痹，也许是自己参禅悟道后的觉悟。淡然中，他饮下一壶浊酒，伴着一丝醉意写下了人生的另一番感悟。

醉吟先生传

醉吟先生者，忘其姓字、乡里、官爵，忽忽不知吾为谁也。官游三十载，将老，退居洛下。所居有池五六亩，竹数千竿，乔木数十株，台榭舟桥，具体而微，先生安焉。家虽贫，不至寒馁；年虽老，未及昏耄。性嗜酒，耽琴淫诗，凡酒徒、琴侣、诗客多与之游。

游之外，栖心释氏，通学小中大乘法，与嵩山僧如满为空门友，平泉客韦楚为山水友，彭城刘梦得为诗友，安定皇甫朗之为酒友。每一相见，欣然忘归，洛城内外，六七十里间，凡观、寺、丘、墅，有泉石花竹者，靡不游；人家有美酒鸣琴者，靡不过；有图书歌舞者，靡不观……

花甲之年的白居易虽然还有官职在身，但大多只是朝廷念其多年来劳苦功高，而授予的闲职，那份职位所带来的俸禄也足够白居易安度晚年。这使得白居易有机会可以将自己的余生献给毕生追求的佛学。佛寺中修炼的白居易不忘时常整理自己这些年来的诗作，这其中不乏早期对悲凉生活的感慨、中期对为官生涯的评述、后期向往田园生活以及对归隐的期待。

后期的每首诗中都含有一些他从佛学中感悟的道理。待这些诗作整理成册以后，将其置于佛寺之中，供人参考阅读，希望以自己平生所感，来给迷途中的世人一个警示。

开成五年（840年）正月初四，唐文宗驾崩，颍王李炎继位，是为唐武宗。时光匆匆，开成五年就结束了。

新的一年即将到来，唐武宗决定改元大赦天下。唐武宗会昌元年（841年），这一年白居易过得十分平静。但是由于没有了俸禄，家里的积蓄很快就用得差不多了。

会昌二年（842年），唐武宗念白居易是著名诗人，又曾有相当好的政绩，下诏授白居易为刑部尚书致仕，俸禄给半。白居易得诏后，喜出望外，他再也不用为生计而变卖家产了。这样的官职基本上是一个闲官，所以白居易不过问政治，不参加任何活动。他整日虔诚地念佛诵经，打坐参禅。这样的生活，使他极为满足。

朝中依旧风云变幻，而白居易却寂静地守着岁月礼佛参禅。那些血雨腥风的故事，都已然成了他生命的过眼云烟。他的精神逐渐得到解脱，而他的身体，却在岁月的流转中，成了负累。

随着岁月累积，白居易的病情日渐加重，家人为其寻医问药已经花费了家中的大部分积蓄而不得不将家中财产变卖。白居易辞去了自己心爱的舞姬樊素，心痛之余写下了《春尽日宴罢感事独吟》：

> 五年三月今朝尽，客散筵空独掩扉。
>
> 病共乐天相伴住，春随樊子一时归。
>
> 闲听莺语移时立，思逐杨花触处飞。
>
> 金带缱腰衫委地，年年衰瘦不胜衣。

会昌六年（846年）八月的一天，饱经沧桑的白居易安详地闭上了双眼。唐宣宗大中三年（849年），大诗人李商隐为白居易撰写了《墓志铭》。

一代文坛巨匠铸就了属于他的光彩，留下了无数感人的诗篇。即使他的生命终止在了七十五岁，但谁又不曾感受到，这位老人将带着他那颗淡泊之心微笑着向自己心中的净土缓缓走去。

图书在版编目 (CIP) 数据

但能心静即身凉：白居易诗传 / 南乔著 . — 北京：
中国华侨出版社 , 2021.3（2024.6 重印）
ISBN 978-7-5113-8340-2

Ⅰ . ①但… Ⅱ . ①南… Ⅲ . ①白居易（772-846）-
传记 Ⅳ . ① K825.6

中国版本图书馆 CIP 数据核字（2020）第 200605 号

但能心静即身凉：白居易诗传

著　　者：南　乔
责任编辑：刘晓燕
封面设计：冬　凡
美术编辑：吴秀侠
经　　销：新华书店
开　　本：880mm×1230mm　1/32 开　印张 / 8　字数 / 180 千字
印　　刷：三河市众誉天成印务有限公司
版　　次：2021 年 3 月第 1 版
印　　次：2024 年 6 月第 5 次印刷
书　　号：ISBN 978-7-5113-8340-2
定　　价：38.00 元

中国华侨出版社　北京市朝阳区西坝河东里 77 号楼底商 5 号　邮编：100028
发 行 部：（010）88893001　　传　真：（010）62707370

如果发现印装质量问题，影响阅读，请与印刷厂联系调换。